Contenido

Esperanza del cielo

Esperanza del cielo

OCHO MENSAJES RECONFORTANTES DE DIOS A UN PADRE AFLIGIDO

ALAN M. HALLENE HIJO
CON ERIN KEELEY MARSHALL

GRUPO NELSON
Una división de Thomas Nelson Publishers
Desde 1798

NASHVILLE   MÉXICO DF.   RÍO DE JANEIRO

Editora en Jefe: *Graciela Lelli*
Traducción: *Miguel Mesías*
Diseño interior: *James A. Phinney*
Adaptación del diseño al español: *Grupo Nivel Uno, Inc.*

ISBN: 978-0-71802-137-5

Impreso en Estados Unidos de América

15 16 17 18 19 RRD 9 8 7 6 5 4 3 2 1

A Dios, que vino a mi lado como Padre también afligido en el peor día de mi vida. Tú me mostraste que entiendes porque también perdiste un Hijo. Tu bondad, tu accesibilidad y tu omnisciencia me aseguraron que mi hijo está seguro y feliz por la eternidad, y que continuarás fortaleciéndome con la esperanza de que algún día lo veré de nuevo.

También a mis tres «Rosas amarillas de Texas»: mis hijos Yalex, Bryboy y Jimbob; además a mamá y a papá.

Capítulo uno

De aquellos días a este

Pero tú, SEÑOR, me rodeas cual escudo; tú
eres mi gloria; ¡tú mantienes en alto mi
cabeza! Clamo al SEÑOR a voz en cuello, y
desde su monte santo él me responde.

SALMOS 3.3–4

*E*n las tempranas y oscuras horas del 2 de octubre de 2008 mi hijo mayor, Alex, dejó un mensaje en mi celular. Muy pocas palabras, pero que cambiaron mi vida para siempre.

Perdí la llamada, la última suya para mí, porque mi teléfono estaba cargándose en la sala.

Él había dejado un mensaje en mi teléfono dos días antes, diciéndome cuán orgulloso se sentía de mí, y que yo era su héroe. Ese me pareció demasiado cariñoso, pero este me hizo temblar al oírlo más tarde esa mañana.

«Papá, te quiero. Lamento defraudarte a ti y a mamá. Adiós...».

Sus palabras y su tono hicieron que un cúmulo de temores me estrujaran el corazón. Frenéticamente, traté varias veces de hablar con él por teléfono. Incluso llamé a mis otros dos hijos, Bryan y Jimmy, pero ellos no habían oído nada de él. Así que corrí al coche y conduje las tres horas de mi casa en Moline a nuestro condominio en Champaign, en donde Alex vivía mientras estudiaba su último año en la Universidad de Illinois.

Cubrí la distancia en dos horas, casi ni podía respirar mientras me apuraba para ayudar a Alex. Era un trayecto familiar. Había recorrido esas carreteras incontables veces, muchas de ellas en meses recientes. Durante todo ese semestre y el año escolar anterior, hice el hábito de ir a ver a Alex cada dos semanas o algo así, para comprarle víveres y llenar su todoterreno con gasolina; en realidad, simplemente, para ver cómo estaba. Sabía que él había estado batallando con las presiones de los estudios, pero parecía que estaba saliendo avante después de un tiempo difícil.

Nunca el camino había pasado tan rápido, sin embargo me pareció tan largo. Aunque en realidad no lo sabía, para mis adentros supe que ya se había ido. Quería estar allí con todo mi ser, ver su sonrisa y mostrarle que mis instintos estaban errados, oírle reírse, oírle decir en son de broma: «Tranquilízate, Al. ¿Qué mosca te picó?». Esta vez, me prometí a mí mismo, ni siquiera le reprocharía por el cigarrillo que me imaginaba que colgaría de sus labios al decirlo. Con todo mi ser quería hacer que el reloj diera marcha atrás y exigir que lo hicieran de nuevo, para espantar el tenebroso tornado que me carcomía.

Finalmente llegué al complejo multifamiliar, detuve el coche en la rampa de acceso, y corrí a la puerta. Estaba con llave, pero pegada allí había una nota de Alex escrita con su puño y letra. *¡No entrar! Llamen a Al Hallene.* Había añadido el número de mi celular.

Con el corazón encogido, corrí toda la distancia de los jardines del complejo y doblé por el más lejano, regresando por los patios traseros hasta el de nuestra vivienda. Mis emociones deben haberme enviado a una confusión frenética para correr todo el largo de una cancha de fútbol, cuando bien habría podido haber tomado un atajo entre dos edificios.

Al fin me detuve mirando el ventanal trasero. Las persianas estaban abiertas y mis temores se confirmaron. Estaba contemplando el escenario de muerte de mi hijo. Su cuerpo estaba colgando de una cuerda, obviamente sin vida.

Las rodillas me fallaron y caí.

Luché para pararme y busqué alrededor un macetero o algo pesado para romper la ventana. Pero entonces tuve la corazonada de que Alex hubiese dejado la puerta sin llave. Así fue, entré a la carrera y —de alguna manera— lo alcé y le quité la horca antes de que cayéramos juntos al piso.

Mientras temblaba llorando, sentí la dureza del cuerpo de Alex. Era evidente por la rigidez y lo frío de su piel que ya se había ido. Sin embargo, traté de darle respiración artificial. Había fallecido horas antes, probablemente poco después de dejarme aquel mensaje grabado a altas horas de la noche.

Lo abracé y lo mecí. Fue todo lo que pude hacer en ese instante. Discutí con Dios para que me dejara cambiar de lugar con mi hijo, ese chico con pelo negro y rasgos como los míos. Sus hermosos ojos, con los que me clavó su mirada en los primeros momentos de su vida, no me dijeron nada cuando los miré.

Pasaron los minutos y entonces, por entre mis lágrimas, vi un sobre pequeño en una mesita cercana. Me las arreglé para tomarlo y me esforcé por leer las últimas palabras de Alex, garrapateadas con la letra manuscrita por la que los miembros de la familia siempre le habían hecho bromas. *Lo lamento, por todos, especialmente por mi familia. Ustedes, todos, son excelentes personas. Por favor, traten de perdonarme. Los quiero a todos.*

Esas pocas y penetrantes palabras revelan la esencia de lo que era Alex: un gran hijo y un excelente hermano mayor que amaba a su familia y se preocupaba tanto por los demás que lamentaba que su acción nos causara tanta aflicción.

Decir que ese momento no tenía sentido para mí, era subestimar aquello de manera enfermiza y ridícula. Casi veintitrés años de aprendizaje y crecimiento, risas y disciplinas, conversaciones acerca de acontecimientos al azar y de grandes asuntos de la vida, vacaciones y días feriados, incontables partidos deportivos, risas y triunfos —todas las cosas que disfrutamos con nuestros seres queridos, minuciosidades relacionales que vivimos sin notarlas— todo había desaparecido. El dolor de la aflicción casi me atragantó en esos primeros minutos.

Ese hijo al que abrazaba era el mismo muchacho intrépido que había salido disparado por encima del manubrio de su bicicleta, sacándose dos dientes frontales antes de empezar el prescolar. Era el muchacho que cayó de cabeza desde la parte más alta de los aparatos del patio de recreo y se rompió ambos brazos en el segundo grado. Esos brazos que se habían vuelto sólidos y musculosos conforme crecía; y que ahora no se movían.

Alex había batallado en la cancha de fútbol estadounidense, en la de tenis, en el campo de golf, en la cancha de béisbol y en la piscina; ganando una vez tras otra. Se suponía que debía ganar esta batalla. Había nacido para ganar. Lo había hecho una y otra vez, desde sus primeros momentos al salir del vientre, con pasión, gracia y risa. Alex nunca se rindió en nada ni tampoco retrocedió ante un reto. Su decidido avance por la vida hacía incluso más increíble el que se hubiera ido.

Qué habría dado por verlo sentarse, oírle echarme en cara mi actitud con un: «¿Qué húbole, Al?».

Él sabía que recibiría el doble de mí cada vez, y que yo le respondería: «¡Un momento, Alex! ¡Yo soy tu *papá*!».

Al fin la cruda realidad se hizo patente e hice de tripas corazón para llamar al que fue mi compañero de dormitorio en Illinois y amigo íntimo —Jim— para que me ayudara llamando a las autoridades. Rogué que Jim, exitoso hombre de negocios que viajaba por todo el estado, estuviera en la ciudad. Como siempre, que estaba conmigo en el momento en que más lo necesitaba, contestó su teléfono.

Tartamudeé:

—Jim, estoy en nuestro condominio. Alex tuvo... un terrible accidente. Está muerto, y... necesito que llames a las autoridades.

—Las llamo enseguida. Jani y yo estaremos allí pronto.

Él debe haber sabido que yo no podía responder preguntas en ese instante.

Sabía que, en breve, el tiempo con mi hijo se acabaría. No tenía ni idea de cómo se suponía que me apartara de él cuando llegara la policía. ¿Cómo deja uno que un hijo se le vaya? ¿Podría gritar esa pregunta tan alto como para recibir respuesta?

No hay en mi vida muchos momentos que la alteren singularmente, pero ese fue uno de ellos. Sin advertencia, todos mis sueños con Alex se desvanecieron. Cuando él era pequeño, yo fui su protector. Hasta cierto punto yo, junto con su madre —mi exesposa Mindy—, teníamos bajo control la mayoría de las cosas que le afectaban. El poder de mi influencia en su vida me había sido arrancado y no sabía cómo hacerle frente. Un acto redefine tanto. Todo lo que pude hacer fue abrazarlo y afligirme por todo lo que él, su familia, sus amigos, el mundo y yo habíamos perdido dado que Alexander Montgomery Hallene había muerto. Los pensamientos se precipitaban en caóticas olas.

Todo lo que en realidad sabía era cuánto necesitaba a Dios para mi próxima respiración, que brotaba tan difícilmente de mi pesado corazón. Lo necesité en las próximas horas mientras buscaba cómo decírselo a la madre de Alex y a sus hermanos.

Entonces, en esos diez minutos antes de que llegaran Jim y las autoridades, una serie de imágenes se desplegaron en mi mente, tanto que me aturdieron por su claridad y su poder. Aparecieron en forma ordenada a pesar de la devastación. Sin duda yo estaba perplejo y, sin embargo, siempre pensé que era una persona sensata, como cualquier ingeniero aburrido, nada proclive a imaginaciones dramáticas.

Pero en ese, el peor día de mi vida, experimenté una serie de milagros, o percepciones, o sentimientos, todos de naturaleza espiritual, que me ayudaron a lidiar con la pérdida de mi hijo. Por naturaleza soy una persona extrovertida, pero no tiendo a hablar acerca de algo tan personal como esa experiencia. Con todo, desde poco después de ese día, me he sentido compelido a hacer precisamente eso, aun cuando escarbar los recuerdos evoca gran dolor.

Por un tiempo vacilé en cuanto a expresar los ochos mensajes que recibí en esos diez minutos a solas con el cuerpo de Alex. Temía que la gente no los tomara en serio o que los viera como invenciones mentales inducidas por el trauma. Pero desde esa tarde no ha variado mi firme certeza de que Alex está feliz y seguro, por lo que quiero que otros tengan la misma certeza de lo que les espera a ellos y a sus seres queridos después de la muerte.

Este escrito no tiene la intención de ser una especie de guía para enfrentar las pérdidas humanas. Mi propósito es sencillamente contar la confirmación de Dios a un individuo normal, no ostentoso, de un cielo real y un Salvador vivo, que ama.

Hoy, con varios años inmerso en esta tristeza, puedo reflexionar y reconocer cuánto necesitaba al Señor siempre presente, no en la manera tan distante que siempre concebí al Creador del universo.

Esos ocho mensajes siguen vívidos en mí, todavía me confortan, todavía me recuerdan que todos anhelamos abrazar la esperanza del cielo para nuestros seres queridos y para nosotros mismos.

¿Son ocho imágenes visuales suficientes para consolar mi corazón? No; pero lo son para darme una vislumbre de lo que Dios ha preparado para cada uno de nosotros. Son suficientes por ahora.

Capítulo dos

El cielo en Minnesota

El Señor es mi pastor, nada me falta; en verdes
pastos me hace descansar. Junto a tranquilas
aguas me conduce; me infunde nuevas fuerzas.

SALMOS 23.1–2

onforme la aflicción y el aturdimiento me sobrecogían mientras abrazaba a mi muchacho, un cuadro sorprendentemente real me vino a la mente. Como si un vídeo se reprodujera, vi a Alex y a mi finado padre («Papa», para sus nietos), en el bote de pesca de papá en nuestra casa de verano en Walker, Minnesota. Llevaban puestos sus chalecos salvavidas, y se reían, alejándose del muelle con sus aparejos de pesca, esperando que picara «el grande».

Reconocí el hermoso cielo azul y las voluminosas nubes que cubrían nuestra cabaña de vacaciones en el Lago May. Con el correr de las décadas, pasamos allí incontables días; para nuestra familia, todavía es nuestro cielo en la tierra.

Con las lágrimas surcándome el rostro, pensé brevemente que era un grato recuerdo de nuestros días más felices en lo que papá siempre llamó «la tierra de Dios». También le gustaba decir: «No importa lo mal que se pongan las cosas, siempre puedes ir al lago, echar un anzuelo al agua y arreglarlas». Pensé en lo bondadoso que era Dios para darme ese don en mi aflicción, hasta que me di cuenta de que la escena no era un recuerdo para nada. Seguía repitiéndose, como si fuera en tiempo real, con audio.

Las suaves olas acariciaban al bote, y oí las risas de mi padre y de mi hijo. No puedo describir la magnitud del entusiasmo y la felicidad que sentí. Recuerdo, eso sí, que fue más poderoso que la aflicción por un breve momento. Y entonces, casi tan rápido como la imagen me vino a la mente, se desvaneció.

Pero entonces sucedió otra cosa asombrosa. En vez de volver a desesperarme, entendí que había recibido un don de lo más inesperado y maravilloso. Se me había permitido ver y oír de nuevo a mis dos héroes, felices y sanos, disfrutando de su actividad favorita: la pesca. Había tenido una vislumbre de un suceso actual, justo en ese instante. Pero, ¿en dónde estaba sucediendo eso?

Creo que estaban en el cielo, no encima de unas nubes gigantes tocando arpas, sino actuando como las personas vivas, gozosas, que habían sido gran parte de su tiempo en la tierra.

Sin embargo, tan importante como el mensaje que Dios envió fue el hecho de que creo firmemente que él me dio la inteligencia y la fe para entender la certeza del mismo. Yo no habría tenido tal poder sin la capacidad de captarlo. No soy tan ingenioso ni tan creativo como para inventarme eso, ni tengo poderes especiales para encontrarme con la única posible piedra angular en mi vida que pudiera, aunque sea momentáneamente, amortiguar los sentimientos trágicos que atravesaba. Cuán vívida sigue siendo esa escena para mí años después. La claridad de mi «vídeo» sigue asombrándome. No fue un sueño ni un suceso inventado, ilusorio. Sucedió. Fue como si Jesús me hubiera dado una sutil vislumbre de las cosas buenas por venir.

Esa escena de nuestra casa del lago fue la más efectiva que Dios pudo haber escogido para comunicarme su paz. Dios siempre me ha bendecido con ese retiro en Minnesota, escenario de miles de felices eventos familiares a través de los años. Es nuestra herencia, un lugar donde hay vida, donde se pasa el legado de generación en generación. Mi abuelo y mi abuela Hallene empezaron a ir allá en la década de los treinta y mi madre me dijo que yo había estado allí todos los años desde que tenía pocos meses. Así que continué la misma tradición con mis hijos.

Alex y mi padre tenían un vínculo especial, lo que hizo el verlos juntos en esa visión mucho más significativo. Recuerdo una mañana cuando Alex tenía un mes de nacido. En ese tiempo vivíamos en Texas, pero habíamos viajado a Quad Cities y estábamos quedándonos con mis padres por Navidad. Me desperté a las seis de la mañana para cumplir con mi turno de dar de comer a mi muchacho. Mi padre ya se había levantado y las lágrimas le llenaron los ojos mientras tenía en sus brazos a su nieto. Cuando le pregunté si algo andaba mal, afirmó: «Cuando tu propio hijo tiene su hijo, sabes que la vida continúa».

Alex fue el primer nieto de ese lado de la familia y, en honor a esa posición, mi padre le regaló un bote de pesca color rojo al que todos todavía nos referimos cómo «el bote de Alex». En la imagen que recibí en el condominio, Papa y Alex estaban en el bote de papá, pero el de Alex sigue todavía en la cabaña.

Cada año desde que Bryan y Jimmy eran pequeños hasta que papá falleció, le preguntaban: «Papa, ¿cuándo vamos a recibir un bote?». Finalmente se convirtió en broma de familia cuando ellos siguieron haciendo la pregunta siendo adolescentes.

Alex tenía un corazón tierno que creció incluso más que él. Después de varias horas de pesca un día, mi papá trajo a la casa los pescados para limpiarlos. El pequeño Alex estaba entusiasmado al ser parte de la acción, seguro de que podía ayudar con los pescados que coleteaban al prepararlos para comerlos. Pero tan pronto como papá cercenó la cabeza de uno e hizo el primer corte con el cuchillo, Alex frunció el ceño y bajó la cabeza: «Papa, ¿lloran los peces?».

Papá había pasado muchas horas ayudando a mis muchachos a que aprendieran a pescar. Un día de verano llevó a Bryan en el bote. Al poco tiempo Bryan estaba batallando por capturar un grandote. Estaba sacando al enorme lucioperca del agua junto al bote cuando el pez coleteó una vez más, se libró y cayó de nuevo al agua. Bryan quedó devastado.

Para llover sobre mojado, al día siguiente mi padre salió a pescar y atrapó un pez enorme que, encima de eso, tenía en la boca un sedal y un anzuelo familiares. Era el pez de Bryan que se había escapado. Pero papá fue el que lo trajo a casa, así que el pescado era de papá. Lo montó sobre la chimenea como su trofeo de pesca, una vista que aturde a Bryan cada vez que la ve. Es bastante comprensible; es un pescado hermoso.

Ningún otro lugar como el Lago May tiene para mí tanto significado e historias. En los tiempos difíciles, voy allá, me recupero y me siento otra vez yo mismo, en mis cabales.

Como familia celebramos allí muchos días de la Independencia, que es un gran evento en Walker. Durante el desfile anual por el Día de la Independencia, mis hijos y sus primos atrapan confites en nuestro lugar acostumbrado en las aceras, junto a la esquina de la heladería. Mi padre a menudo conducía su modelo A 1931 junto con los demás coches antiguos por la ruta del desfile. Algo así como un millar de personas asistían al festival de carros alegóricos y exhibiciones, pero la multitud parecía más bien como si fueran diez mil.

Mi hermano y mis dos hermanas a menudo venían al lago con sus familias, por lo que la atmósfera se llenaba de diversión, pesca y golf en el club campestre. Los dueños del club incluso podaban un sendero para que pudiéramos conducir nuestro viejo coche de golf de 1960 desde nuestra cabaña hasta el punto de salida del primer hoyo.

Walker es un lugar gozoso y familiar, donde la vida es sencilla; donde evitábamos los restaurantes y preferíamos asar carne a la parrilla —o la pesca del día— en nuestro patio mientras contemplábamos el sol reflejándose en las olas que nos daban otra vez las buenas noches.

Nuestra última visita a la casa de veraneo fue apenas seis semanas antes de que Alex muriera. Él, su mejor amigo —también llamado Alex—, y yo hicimos un último viaje de pesca antes de que el clima frío y la tensión de los estudios se dejaran sentir. Cómo se había vuelto mi hábito en los meses pasados, durante el viaje discretamente había estado observando señales de cómo parecía irle. Se reía y parecía que estaba divirtiéndose muy bien. Los dos incluso nos despertamos temprano una mañana y pescamos solos en el lago Long, más grande y adyacente al May, pero del que también tenemos muchos recuerdos. Él se reía y estaba de buen humor. Su amigo Alex convino conmigo más tarde que no vio ninguna señal de angustia en mi Alex. Me pregunto qué es lo que realmente estaba pasando en su corazón, que se había vuelto un experto en disimular.

De regreso a su condominio en Champaign, quise quedarme en aquel escenario libre en el lago May. No, quise *unirme* a papá y Alex, donde las presiones de la vida se disuelven. Tomé la visión como un mensaje de Dios de que Alex y papá en verdad estaban disfrutando de una reunión en otro lugar que se parecía a nuestro cielo en Minnesota. Estaban juntos en el cielo real y Alex estaba más que bien. Estaba sano y feliz, sabía que su sonrisa era genuina. Ya no estaba cubriendo el dolor oculto que no pudimos identificar aunque habíamos vigilado por eso con tanto cuidado durante sus últimos meses sobre la tierra.

El péndulo emocional osciló en mi corazón desde la angustia de descubrir la muerte de Alex pasando por los recuerdos familiares, hasta llegar a la paz que Dios me dio de saber que mi hijo estaba bien, aunque simplemente ya no en la tierra. Supe entonces que Dios me trajo de vuelta de mi pérdida y me estabilizó al hacerme comprender que mi hijo ya no sufría.

Esa visión sencilla me mostró los métodos nada ostentosos de Dios para darse a conocer. Con certeza, él se comunica de esa manera por medio de Matt, mi sobrino con necesidades especiales. Alto y de pelo oscuro, Matt tiene un lugar especial en mi corazón. Él y mis muchachos crecieron juntos, y Alex fue un protector para Matt, asegurándose de que se lo incluyera y se lo tratara bien.

Matt es hijo de mi hermana, nació con un cromosoma X frágil. Es una enfermedad que, en muchas maneras, le hace un hombre sencillo, pero el resto de nosotros podría envidiar su fe fuerte. Inocente y de buen talante a los veintiséis años, Matt no posee gran habilidad para hablar y no puede leer. Vive de manera semiindependiente con una persona que lo cuida; le encanta coleccionar películas y juguetes apropiados para niños de edad escolar.

En su manera singular de comunicarse, Matt expresa cuánto echa de menos a Alex. Un par de veces a la semana él y yo vamos a tomar helados o a una librería o a ver una película. Sin falta, cada vez que llego a su casa, se sube al coche y dice:

—Anoche conversé con Ah-ix.

Sin falta, mi corazón se acelera y responde:

—¿Qué te dijo Alex?

—Me dijo: «Cuida a mi papá».

Veo esas palabras en la página y tengo que hacer una pausa para permitir que su significado emerja. No soy teólogo y no estoy aquí para debatir si las personas en el cielo pueden comunicarse con nosotros en la tierra. Lo que sí sé es que nuestro Creador puede comunicarse con nosotros a través de cualquier medio que considere apropiado; ahí lo dejo. Creo que Dios está detrás de las palabras de Matt, y lo que me asegura por medio de este chico es un ejemplo de Mateo 19.30 en cuanto a que «los últimos serán primeros» en el cielo. Hay un caso con que se podría argumentar que el Señor tiene bendiciones supremas esperando en el cielo para los suyos, los que han sufrido en la tierra. Tal vez los hijos de Dios que hayan tenido un tiempo especialmente difícil en la tierra disfrutarán de sanidad extra especial en el cielo.

A Matt no le sorprenden las palabras de Alex. Tampoco a Dios. El Padre celestial se da a conocer a Matt en un nivel perfecto, adecuado a la comprensión de Matt, exactamente como Dios se comunicó conmigo el día de la muerte de Alex, en una manera que pude entender.

Mis recuerdos y la constante presencia del Señor me llevan mientras lucho por hacer más que sobrevivir estos días terrenales. Se me ha dado la oportunidad de sentir a Dios en todo lo que me rodea y en mí, y debido a lo que me ha mostrado, creo que veré y me reiré con Alex otra vez.

Sé que mi Alex me espera, y este conocimiento me da la fortaleza que necesito hasta que esté con él en el cielo de nuevo, con Jesús y papá... y, por supuesto, con un pez grande en un lago que se parece al nuestro en nuestra amada Minnesota.

Capítulo tres

Nuestro tiempo... su tiempo

> *La bondad y el amor me seguirán todos los*
> *días de mi vida; y en la casa del SEÑOR*
> *habitaré para siempre.*
>
> SALMOS 23.6

*U*n año antes, o algo así, de la muerte de Alex, su madre —Mindy— y yo íbamos a menudo a Champaign para ver cómo estaba. Esa atención adicional la motivó un incidente que tuvo en el verano de 2007.

Una noche él y un amigo le pidieron prestado el coche a mi madre en Naples, Florida. Habían bebido demasiado y su amigo chocó el coche. Molesto por eso y sintiéndose típicamente responsable, Alex se cortó las muñecas poco después. Recuerdo su llamada por teléfono esa noche. Me dijo que me quería, que yo era su héroe y su mejor amigo.

—Alex, ¿dónde estás? No es para tanto. Era un auto viejo. Además, fue tu amigo el que lo hizo, no tú.

—Sí, pero yo soy el responsable.

—Alex, vamos. Simplemente dime dónde estás.

Clic.

Esa fue una noche larga y en vela.

A la mañana siguiente Mindy me llamó para decirme que habían hallado a Alex y que estaba bien.

Lo llevamos a un orientador con la esperanza de proveerle respaldo adicional. Enfrentó, en cierta medida, el bochorno por el chisme pueblerino debido a que los vendajes en sus muñecas eran visibles para todos. Sin embargo, el psicólogo no vio aquello como un intento para quitarse la vida. Los cortes no eran muy profundos, por lo que los médicos vieron sus heridas como un clamor pidiendo ayuda.

Sobra decirlo, Mindy y yo, aun así, tomamos el incidente muy en serio, aunque no sentimos la necesidad de aterrarnos por su vida. Más bien, lo visitamos a menudo y le ofrecimos respaldo en cualquier manera posible para ayudarle a sanar. Con frecuencia le hacía preguntas serias en cuanto a cómo le iba en verdad, no simplemente cómo parecía que le estaba yendo. Él entendía que yo buscaba sinceridad, por lo que a menudo respondía: «Me va realmente bien, papá. En verdad. Estoy bien». Yo sé que Mindy trató de llegarle al corazón tanto como yo. Pero él nos había ocultado las partes más hondas de sí mismo, tal vez por años.

Así que allí estaba yo, esperando que las autoridades llegaran y se llevaran el cuerpo de mi hijo. Lo miré sobre mis rodillas y el llanto me ganó. De nuevo le supliqué al Señor que me permitiera cambiar de lugar con él. Ya había tenido mi buena parte en mis cincuenta y tantos años. Alex tenía por delante toda su vida adulta. Desapareció en un acto de desesperación, y yo no podía hacer nada para salvarlo o hacerlo volver.

Nada pudo mostrarme más claro que su muerte que yo, como su padre terrenal, no tengo control sobre mis hijos. No tenía ni idea de cómo procesar la acción de mi hijo para acabar su vida. Me dolió mi ineptitud para atender sus necesidades en el momento más crítico.

Estaba desconcertado, preguntándome cómo se suponía que debía cumplir mi papel en su vida cuando este se me había usurpado. Luché por conciliar el conocimiento de que no pude hacer más para salvarlo con mi necesidad de ser el mejor padre posible. No podía entender por qué mi amor por él no había sido lo suficiente para cuidar que atravesara sus momentos más duros o por qué él no creyó en mí cuando yo validaba sus capacidades, cuando le aseguraba que le esperaba un futuro brillante, cuando lo elogiaba por sus muchos logros. Si pudiera aclarar algo de esa confusión satisfactoriamente, tal vez podría hallar paz.

Pero la paz no es de este mundo y definitivamente no de origen humano. Dejado a mis fuerzas, con certeza habría quedado sepultado bajo el horror en vez de ser llevado en paz a atravesar tal situación a pesar de mis cuestionamientos y mi confusión.

Me criaron yendo a la iglesia; además, Mindy y yo habíamos criado a nuestros hijos en la iglesia. Yo conocía a Dios, o por lo menos pensaba que lo conocía. Pero él se me estaba revelando en sus términos y a su manera. En esa pequeña habitación de la que se había apoderado la aflicción y la destrucción de la esperanza humana, estaba encontrándome por primera vez con el Señor como él sabe hacerlo.

Después de que el cuadro de mi padre y Alex vino y se fue, continué rogándole a Dios que me cambiara de lugar con Alex y que le devolviera la vida. Sabía que probablemente eso no sucedería, sin embargo estaba sintiéndome como destrozado y pensé que cualquier cosa podía ser posible.

Quería con desesperación que lo imposible sucediera, si solo pudiera orar lo suficiente.

Dios no me concedió la petición de devolver a Alex a la tierra, pero sí contestó mi oración. En este segundo mensaje, con sigilo, puso en mi mente una lección de escuela dominical largamente olvidada. Pensé que las palabras eran de los Salmos, pero no pude estar seguro. Empezaban con algo acerca de que el Señor nos conocía antes de que naciéramos y entretejiéndonos en el vientre de nuestra madre, y a eso seguía algo que tenía que ver con el número de nuestros días escritos en el libro de la vida.

Recordé los debates de mi grupo de estudio bíblico sobre los pasajes que indican que cada una de nuestras experiencias terrenales fueron escritas en el gran libro negro de Dios, incluso antes de que naciéramos. Recuerdo haber debatido que eso no podía ser así, que todo no podía haber sido cartografiado para nosotros. ¿Cómo, en verdad, podríamos vivir por nuestro propio libre albedrío?

También recordé los debates que había tenido con Dios, preguntándole por qué permitía que tantas cosas malas les sucedan a personas inocentes. ¿De qué sirve?, me había preguntado en mi juventud y, francamente, toda mi vida. ¿De qué sirve tratar de ayudar a otros, tratar de criar una familia sana, trabajar duro y vivir una vida buena, cuando el desastre puede sucederle a cualquiera, en cualquier parte, en cualquier momento? ¿Acaso no quedaban héroes que desciendan del cielo y salven el día? Me preguntaba por qué Jesús no volvía y limpiaba un poco las cosas, para ayudarnos a nosotros, meros mortales, a hallar sentido a este caos.

¿Por qué tratar de determinar una diferencia si lo que parecen ser actos al azar de la vida y la muerte inevitable hacen que los planes de hombres y mujeres buenos desaparezcan? Y todo esto viene de las manos de un Juez al parecer imparcial, severo, Todopoderoso, que permite que personas perversas como Hitler o Stalin destruyan millones.

Todas mis conjeturas fluían mientras yo esperaba que mi hijo se despertara. Esas preguntas no resueltas de mi vida rugían mientras yo trataba de enfocar qué hacer luego en cuanto a Alex, en cuanto a contarle a Mindy nuestra pérdida, así como también a Bryan y a Jimmy, a su abuela Mimí, y a mis hermanos y hermanas... a todos los que querían a este muchacho.

Entonces una gracia vino sobre mí de nuevo, como había venido antes con la visión de Alex y papá pescando y riéndose juntos. Esa paz me abrigó, aclarando mi incertidumbre y la ira que despuntaba, dándome la resolución de hallar en la Biblia esas palabras que acababan de reproducirse en mi pensamiento. Necesitaba saber cuánto había determinado Dios respecto a los días de Alex en la tierra.

Brincando en ese largo día, finalmente tuve tiempo a solas alrededor de la medianoche para buscar los Salmos.

Salmos no es un libro corto. No pude evitar pensar que lo largo sirve a un propósito, ya que al tratar de ubicar una sección, el que busca a menudo acaba examinando muchos otros versículos del libro, sin duda alguna siendo bendecido más en el proceso.

Hojeé a través de 138 capítulos, estimulado por la fe de los salmistas, titubeante y sin embargo obstinada, leyendo acerca de pruebas, pérdidas y corazones rotos, antes de finalmente hallar los versículos que buscaba. Salmos 139.13–16 dice:

Tú creaste mis entrañas; me formaste en el vientre de mi madre. ¡Te alabo porque soy una creación admirable! ¡Tus obras son maravillosas, y esto lo sé muy bien! Mis huesos no te fueron desconocidos cuando en lo más recóndito era yo formado, cuando en lo más profundo de la tierra era yo entretejido. Tus ojos vieron mi cuerpo en gestación: todo estaba ya escrito en tu libro; todos mis días se estaban diseñando, aunque no existía uno solo de ellos.

Un escalofrío me recorrió al terminar. *Todo estaba ya escrito en tu libro; todos mis días se estaban diseñando, aunque no existía uno solo de ellos.* Mi llanto volvió. El Señor reforzó que en verdad me había hablado, inaudible como siempre, poniendo sus palabras en mi mente febril.

La muerte de Alex el 2 de octubre de 2008 no sorprendió a Dios. No lo tomó con la guardia baja. Él no sintió una conmoción, pero sentí la mía conmigo. Y me estaba haciendo saber que él siempre había sido soberano en cuanto a los días de Alex. Veintidós años, diez meses y cuatro días, para ser exactos.

Aunque el suicidio ciertamente no estaba en el divino y perfecto plan para Alex, Dios siempre supo que llegaría el día cuando Alex tomaría una decisión en cuanto a su propia muerte. Tenía que confiar en que Dios hizo uso de todo momento para buscar el corazón de Alex; con certeza buscó a Alex incluso mientras la vida física se le escurría, y creo que recibió a Alex en su hogar celestial porque este había decidido anteriormente darle el corazón a Jesús como su Salvador.

Las palabras de Dios bien valen dedicarles tiempo para saborearlas, para extraerles cada pizca de esperanza que él se propuso con nosotros. Salmos 139.16 fue mi versículo desde el momento en que lo hallé esa noche. Pero al saborear todo el pasaje desde entonces, el versículo 13 se destaca. No importa cuán fuerte lo intentara alguien, nadie pudo ver los lugares más dolorosos de Alex. Ese es un pensamiento agonizante para acarrear, hasta que el versículo 13 me hizo recordar que el Señor creó lo más profundo del ser de Alex. Su Creador conocía cada recoveco de la depresión que Alex disimuló ante el mundo que lo veía.

La segunda mitad del versículo igualmente está cargada de paz. Dios entretejió a Alex antes de que su madre y yo siquiera nos conociéramos. Considérese el acto de tejer. Cada punto requiere atención cuidadosa; cada movimiento implica destreza y creatividad para hacer algo hermoso y con propósito partiendo de materiales sencillos. Cada movimiento en el proceso es preciso, cada centímetro tocado personalmente por el artífice.

Dios no forma a un ser humano a la ventura, ni tampoco se aparta de sus creaciones valiosas. En ningún momento dejó de tocar a mi hijo —su hijo— incluso en los últimos instantes en que el cuerpo mortal de Alex respiró. Aun ahora él no echa a Alex de su presencia y su cuidado.

Las malas decisiones que un seguidor de Cristo toma en verdad afectan su vida en la tierra, por lo que rendiremos cuentas de ellas en el cielo (2 Corintios 5.10). Pero nadie que busque al Señor como Salvador se ha de perder. La carta a los Romanos 8.35–39 habla claramente del poder de Dios sobre cualquier cosa que amenace con separarlo a él de los suyos. Esta interpretación de la versión de la Biblia en inglés *The Message* [El mensaje] aclara el vínculo eterno entre el creyente y el Señor:

> ¿Piensas que alguien va a poder meter una cuña entre nosotros y el amor de Cristo por nosotros? ¡Ni en sueños! Ni los problemas, ni los tiempos difíciles, ni el odio, ni el hambre,

ni la indigencia, ni las amenazas avasalladoras, ni las puñaladas por la espalda y ni siquiera los peores pecados mencionados en las Escrituras... Nada de esto nos desconcierta porque Jesús nos ama. Estoy absolutamente convencido de que nada: nada vivo ni muerto, ni angélico ni demónico, ni hoy ni mañana, ni alto ni bajo, ni concebible ni inconcebible, absolutamente *nada* puede meterse entre nosotros y el amor de Dios debido a la manera en que Jesús nuestro Maestro nos ha abrazado.

Pienso que podría vivir siempre con el consuelo de que Dios nunca renunció al control de Alex, incluso cuando a este le parecía que la vida se hundía, aun en las horas de tormento que enfrentó solo al llegar a la decisión final de que la lucha terrenal era demasiado dura.

Dios lo sostuvo firme. Nada puede quitar lo bello de esa verdad. La depresión y el suicidio son realidades crueles, como muchas de las agonías del mundo. Pero la verdad, el amor, el perdón de Dios y su plan conquistador para los que acuden a él siempre serán mayores. Nadie lo superará jamás. Y hoy Alex entiende que su Señor nunca lo perdió. Debido a Cristo, tenemos la belleza de la esperanza y la sanidad que brotan de las mismas cenizas que parecen sepultarnos.

Yo sabía que mis preguntas, mi tristeza, mi aflicción, mi culpabilidad y las oleadas de cólera no se habían acabado. Pero mi principal preocupación respecto a dónde estaba mi muchacho en ese momento había sido contestada. Él no estaba en dolor. Estaba gozoso. No meramente contento, como había parecido en la tierra, sino lleno de gozo en la gloria de Dios. A pesar de mi regateo para que Alex volviera, en lo profundo de mi alma sabía la respuesta. Dios me había hablado en silencio y con amor.

Alex estaba bien.

Ese es el apoyo de los que continuamos enfrentándonos a ese dolor del que no podemos escapar. Puedo aferrarme a otra verdad en Romanos 8 durante los momentos de desánimo. El versículo 28 dice: «Ahora bien, sabemos que Dios dispone todas las cosas para el bien de quienes lo aman, los que han sido llamados de acuerdo con su propósito».

El «Ahora bien» al principio es la clave. Además de sus otras aseveraciones, Dios promete el bien incluso en los peores escenarios. Esa es una verdad en la que hay que insistir.

He dejado que el Señor me acerque a él desde que Alex murió. He aprendido a apoyarme en él con cada oleada de tristeza. Corro a él, en verdad —a menudo— debido a que no tengo ninguna otra parte a dónde ir si quiero sobrevivir a esta aflicción, pero principalmente debido a que anhelo para mi alma el bálsamo que solo él da.

Tal como Dios conocía a Alex y le entretejió antes de que naciera, me conocía a mí y me creó. Él vio los días del quebrantamiento que me vendrían y estaba listo para ello aun cuando yo no lo estaba.

Mientras yo sostenía en mis brazos a Alex, Dios me sostenía a mí y todavía me sostiene.

Capítulo cuatro

El don de la vida

Prefiero recordar las hazañas del SEÑOR,
traer a la memoria sus milagros de antaño.

SALMOS 77.11

*E*l nacimiento de cualquier niño es un don del cielo, un milagro. Pero mientras el anhelo de criarlo no se logra, como pasó con el nuestro por años, una vez que el milagro ocurre fluye una dulzura supremamente dulce.

El tercer don que Dios me dio después de la muerte de Alex fue una gratitud consumidora porque se me había permitido ser su padre por casi veintitrés años. En la medida que el aprecio por la vida de él fluía, experimenté algo espiritual que Filipenses 1.3 dice: «Doy gracias a mi Dios cada vez que me acuerdo de ustedes». El agradecimiento se convirtió en el refugio en donde mis emociones descansaron, aunque sea brevemente.

Cuando Mindy y yo nos casamos en 1980, soñábamos con un futuro que incluía una casa llena de pequeños. Anhelábamos que nuestro mundo cambiara con la plenitud de la paternidad. Atesorábamos el pensamiento de ser familia. Yo no tenía duda alguna de que Mindy sería una maravillosa mamá y casi ni podía esperar oír que alguien me llamara papá. Ambos nos hallábamos en la segunda mitad de nuestros veinte y no queríamos esperar mucho tiempo para empezar esa temporada de nuestras vidas.

Sin embargo, nuestra jornada tomó considerablemente más tiempo del que habíamos planeado. Nuestra lucha por concebir duró cinco años, e incluyó una cirugía y una mudanza sorpresiva que al principio nos dio aprehensión pero que resultó ser una respuesta a la oración.

En los primeros días de nuestro esfuerzo dábamos por sentado que todo sucedería naturalmente. No pensamos mucho al respecto cuando pasó un par de meses sin que hubiera embarazo. En los próximos meses nos turnamos para apuntalar nuestras crecientes dudas con recordatorios de que esas cosas a menudo toman más tiempo del esperado; con certeza todavía no teníamos razón para preocuparnos.

Después de un par de años, nuestra fe empezó a sentir la mella del cincel de la espera. Empezamos a preocuparnos si alguna vez veríamos que nuestros sueños se cumplirían. Todavía nos decíamos que confiáramos en Dios; con certeza él tenía un plan y sería grandioso, ¿verdad? Simplemente teníamos que seguir intentándolo y esperando. Consultamos a varios médicos que nos respaldaron pero sin ninguna respuesta real, por lo que nosotros seguimos esperando.

En ese tiempo, al investigar los asuntos que nos impedían concebir, los médicos de la Clínica Mayo nos hablaron de un especialista en Dallas que estaba haciendo cirugía de avanzada en cuanto a la infertilidad con resultados excelentes. Sin embargo, la logística de la distancia entre nuestro hogar en Moline, Illinois, y Dallas, Texas, resultaba problemática en ese tiempo. Nuestros trabajos estaban a mil seiscientos kilómetros de Dallas, sentíamos que nuestras probabilidades de ver que nuestro sueño se hiciera realidad eran poco menos que nulas.

Con el tiempo nos sentimos perplejos y sin esperanza. Habíamos empezado a dudar de nuestra fe e incluso empezamos a echarle la culpa a Dios.

Considerábamos adoptar, mucho tiempo atrás habíamos llenado el papeleo en una agencia mediante nuestra iglesia. La directora de la agencia, Krista, era una amiga de la infancia y fue compañera en la Universidad de Illinois. Krista nos había estado ayudando por más de cuatro años, sin resultados. Esperábamos que la razón por la que Dios había pospuesto e incluso cancelado nuestros planes de tener un hijo biológico se debía a que él había escogido con su propia mano algún pequeño para nosotros a quien tal vez nunca conoceríamos si ya hubiéramos concebido. Pero como no teníamos ningún resultado, año tras año, nuestra frustración se multiplicaba.

Y entonces las cosas empezaron a animarse. Un amigo íntimo de la familia, que era ginecólogo obstetra, nos habló de una adolescente que iba a ser madre y que con el respaldo de sus padres planeaba dar a su bebé en adopción. La familia quería información de nosotros. Con entusiasmo creciente, enviamos por fax los documentos solicitados.

A la larga oímos las noticias de que una nena saludable había nacido y nos esperaba a dos horas de distancia en un hospital de los suburbios de Chicago. Nuestro abogado envió por correo expreso los documentos necesarios, compramos una cuna y preparamos una habitación, nuestra familia y nuestros amigos se regocijaron con nosotros.

Escogimos su nombre: Margaret Grafton Hallene, por ocho generaciones de Margaret en nuestra familia. Grafton era el apellido de soltera de Mindy. Incluso hablamos con nuestro ministro para convenir en una fecha para el bautismo.

Y entonces, el día antes del que debíamos recoger a Maggie, el teléfono timbró de nuevo. Era nuestro médico, que nos informaba que la madre biológica había pedido ver y abrazar a su hija. Ese tipo de petición casi nunca es una señal positiva para los padres adoptivos.

Mindy y yo pasamos la noche sin dormir y recibimos la inevitable llamada a las ocho de la mañana del día siguiente. La madre había decidido quedarse con la nena, la que nosotros habíamos llegado a querer como si fuera propia. Sus padres respaldaban por completo su decisión.

Y en lugar de subirnos al coche para el viaje de nuestras vidas, recogimos nuestros corazones partidos y sacamos del coche todos los artículos de bebé: el asiento especial, las frazadas, los pañales y los biberones.

Después de que archivamos una vez más nuestro sueño, el corazón partido se convirtió en amargura. Habíamos pensado en esa nenita como nuestra, así que naturalmente sentíamos como si alguien nos hubiera quitado a nuestro hijo. Nuestro sueño de tener por lo menos cuatro hijos, como cada uno habíamos tenido en nuestras familias paternas, parecía destinado a quedar sin cumplirse.

Entonces, en 1984, Dios obró el milagro que cambió nuestro hogar para siempre. Yo había estado trabajando para la empresa John Deere cuando recibí la llamada acerca de una vacante en los Ascensores Montgomery, la compañía que mi bisabuelo fundó en 1892, y en la que mi padre había sido presidente desde 1968. El cargo estaba en la oficina en McKinney, Texas, una ciudad pequeña en la parte norte del estado.

Titubeamos en cuanto a la mudanza, puesto que ambos habíamos crecido en Quad Cities, y no estábamos seguros de dejar
atrás nuestra familia, amigos e historia. Pero nos mudamos.

De alguna manera Mindy había guardado el número de
teléfono del especialista de Dallas, por lo que poco después de
que nos establecimos en Texas, hizo una cita para verlo. Cuatro
meses de drogas e inyecciones para la infertilidad precedieron a
una operación de cinco horas en enero de 1985.

Un mes más tarde, yo estaba trabajando en la fábrica cuando mi secretaria me llamó para decirme que había recibido un
telegrama urgente. Volé a la oficina, envuelto en una oleada de
temor. Con certeza, algo debía haberle pasado a alguien de
nuestra familia. ¿Quién envía telegramas en esta época y urgente, encima de eso?

Al rasgar el mensaje de la compañía de telégrafo, vi que
Mindy lo había enviado. *¿Qué sucede?*, pensé nerviosamente.
*¿Por qué simplemente no me llamó o condujo la corta distancia a
la fábrica para decirme lo que indudablemente deberían haber
sido malas noticias?*

El tiempo se detuvo cuando leí el mensaje: *¡¡¡LO LOGRA-
MOS!!! ¡Vamos a ser padres en noviembre!* Ninguna droga o licor
se podría haber fabricado para producir la euforia que sentí en
la oficina ese día. Las consultas a los médicos, los sonogramas y
las clases Lamaze, todos esos pensamientos me invadieron y
barrieron con los temores anteriores.

Nuestro hijo debía nacer hacia fines de noviembre de 1985,
cerca del Día de Acción de Gracias, que es una gran ocasión
para darle la bienvenida a un hijo. Preparamos de nuevo su dormitorio y lo llenamos con artefactos y regalos que nos dieron en
la fiesta para la embarazada, además de los recorridos de

compras que hicimos. Hablamos sobre el nombre, añadiendo o tachando de nuestra lista conforme deshojábamos el calendario en la primavera, el verano y la mitad del otoño.

La mañana antes del Día de Acción de Gracias llegó, y nosotros la recibimos temprano: a las 3:00 de la madrugada, para ser exactos; con dolores de parto y un viaje urgente a Dallas. Después de 45 minutos de conducir, y de estar una hora en el hospital, supimos que Mindy había tenido una falsa alarma.

Entonces, exactamente veinticuatro horas después, el 28 de noviembre, Día de Acción de Gracias, los dolores de parto volvieron con intensidad. Volvimos al hospital y esta vez no fue falsa alarma. Después de muchas horas de terribles contracciones, Mindy al fin sintió que llegó el momento para que Alex hiciera su debut.

Supongo que nuestra lucha no hubiera estado completa si su parto hubiese sido fácil. Una emergencia surgió cuando los latidos del corazón de Alex empezaron a reducirse con rapidez. Los médicos no perdieron tiempo para llevar a Mindy a cirugía a hacerle una cesárea de último minuto y, al fin, nació Alex. Pero estaba en grave peligro porque tenía el cordón umbilical alrededor de su cuello.

Recuerdo haber caminado interminablemente los corredores del hospital. El tiempo pasaba muy lento mientras yo anhelaba que los médicos me dieran buenas noticias. Oraba a Dios, a veces refunfuñando en voz baja: «Primero nos haces esperar cinco largos años y ahora vas a quitárnoslo, después de solamente cinco horas con nosotros».

Pero no. Dios nos permitió quedarnos con el pequeño Alex. Los milagros continuaron cuando los médicos volvieron y anunciaron que nuestro hijo había luchado y atravesado su odisea de vida y muerte. Tanto él como su cansada —pero radiantemente feliz— madre iban a estar bien.

Como Alex, yo también casi morí al nacer, así que desde el primer día sentí un vínculo especial con él como luchador. Me sentí muy orgulloso de él.

Al fin llevamos a nuestro bebé a casa y empezamos a establecernos en nuestro nuevo estilo de vida. Mi madre pasó los primeros días con nosotros mientras Mindy y yo nos preguntábamos qué era tan difícil en cuanto a tener un recién nacido. Estábamos durmiendo muy bien y sintiendo que ser padres era un encanto; hasta que mi madre se embarcó en el avión para volver a Moline. A los diez días de cuidar a nuestro bebé entendimos la falta de sueño y nos dimos cuenta de todo lo que mamá hizo por nosotros.

Disfrutamos al presentar a nuestro hijo a los amigos y parientes. La madre de Mindy ya había fallecido, pero su padre nos visitó poco después de que llegamos a casa. El orgullo le brillaba en los ojos, tanto como se había iluminado la cara de mi propio papá, al contar cada uno de los dedos de las manos y los pies de Alex, y declararlo perfecto.

Esas primeras semanas fueron plenas, nos entusiasmábamos por cada sonido de Alex, absorbíamos cada movimiento suyo, sentíamos los efectos de la privación del sueño, pero nos encantaba todo eso. Y así fuimos una familia.

Antes de que pasara mucho tiempo empezamos a crecer de nuevo, esta vez sin tantos retos como al empezar. Bryan William llegó diecisiete meses después de Alex, y después de otros diecinueve meses James Welsh completó nuestra trilogía tres años y un día después de que nació su hermano mayor. Cuando Alex visitó a Jimmy, apenas con horas de nacido en el hospital, le señaló y dijo: «Bebé». Entonces señaló a Bryan y dijo: «Bebé». Y luego se señaló a sí mismo y proclamó: «¡Muchacho grande!».

Mi papá dijo que al fin yo tenía mis trillizos irlandeses: Snip, Snap y Snur, de los libros de historietas que leí cuando muchacho. Él tenía razón; mi sueño se había hecho realidad.

En medio de la bienvenida a esos paquetitos de gozo, la compañía me llamó de nuevo para transferirme de regreso a Moline. Habíamos llegado a querer a Texas, pero vimos lo valioso de criar a nuestros hijos entre nuestras raíces y parientes.

Así que nos establecimos de nuevo en el oeste de Illinois. Y sí, estábamos atareados. No era simplemente el número de hijos en nuestra casa; era el ritmo que todos manteníamos. Teníamos tres muchachos bulliciosos, todos chicos. Si Alex era el líder, entonces Bryan era más callado; pero siempre muy observador. Se volvió un instigador, a menudo de maneras útiles. Jimmy ahora tiene un metro ochenta de estatura, y cuando niño sus travesuras eran igual de grandes. Todos ellos volcaban su corazón y su alma en lo que sea que hicieran. Y, por supuesto, siendo muchachos, todos tuvieron experiencias que todavía nos encanta relatar.

Alex siempre fue un pequeño resistente, con agallas. Era un muchacho temerario; llenó de energía por la vida, con abundancia de puntos de sutura y huesos fracturados; pero cuidaba a sus hermanitos.

Su último día en el segundo grado, cuando se rompió ambos brazos cayéndose del manillar de la bicicleta, caminó kilómetro y medio como vikingo, apenas gimiendo en voz baja cuando no pudo abrir la perilla de la puerta con sus brazos rotos. Felizmente Mindy lo oyó, yo los encontré en el consultorio de nuestro amigo pediatra, Chris Moen. El doctor Chris consultó a otro amigo mutuo, y cirujano ortopédico, y le explicó: «Alex, el hijo de Al y Mindy, tiene un problema con sus brazos», su voz evocaba asombro.

«¿Brazossss?», vino la respuesta, con suficiente volumen para que todos la oyéramos. Sí, ambos. Rotos. Una caída. Años después todavía nos reímos por eso cuando todos nos reunimos.

Después del accidente, cuando los brazos de Alex quedaron enyesados y grabados con Leopardos Logan (la mascota del equipo de futbol americano de su escuela), mi papá le preguntó cómo sucedió.

«Pues bien, papá», empezó Alex filosóficamente, «yo había hecho esa segunda voltereta muchas veces...». Pensamos que debe haber estado tratando de impresionar a una compañerita, tratando de demostrar su pasta de estudiante de tercer grado.

Aunque no era un chiquillo de alta estatura físicamente, el corazón de Alex era enorme. Defensor y líder natural, tenía el genio para notar cuando otros necesitaban un amigo y la compasión para ser ese amigo. Siempre tuvo esas habilidades.

Y no tenía problema para mantenerse en sus trece cuando sentía que se había hecho algo mal. Recuerdo un incidente cuando tenía como cuatro años. Cuando llegué a casa después del trabajo, Mindy me saludó con: «Adivina lo que hizo tu hijo». Sabía que debía disponerme para algo espectacular.

Evidentemente Alex se había enfadado temprano ese día cuando su madre no le permitió jugar con su mejor amigo Lars, el hijo del doctor Chris. Muchos niños se habrían enfurruñado, hecho una rabieta, habrían salido dando un portazo, o se habrían negado a comer sus legumbres en desquite.

Alex llamó al número de emergencia.

Naturalmente, Mindy quedó desconcertada cuando el patrullero con las luces relampagueando se estacionó en la rampa de nuestra casa. Al principio ella pensó que yo había muerto camino a casa después del trabajo. Añadiendo bochorno a la situación, dos pequeños Hallene pasaron desnudos corriendo junto a los agentes y derecho a nuestra puerta del frente. Vamos, si no pueden correr al natural en su propia casa, ¿en dónde más?

Riéndose, uno de los agentes se volvió a Mindy: «¿Hora del baño?».

A pesar de lo gracioso de la situación, ellos cumplieron su obligación y examinaron a cada uno de los muchachos buscando moretones o evidencia de maltrato y certificaron que nuestros chiquillos felices, sanos, no estaban siendo maltratados. Entonces elevaron el incidente hablando en cuanto a la seriedad de llamar al número de emergencia.

Solo puedo imaginarme el volumen de la exasperación de Mindy después de que se fueron, pero recuerdo que los muchachos fueron «mis hijos» una vez que llegué a casa esa noche.

Después de que resolvimos la situación en casa, lleve al señor Alex Hallene a la estación de policía. Un agente alto e intimidante estaba de pie detrás de un enorme mostrador; le dije a Alex que le mirara a los ojos, le extendiera su mano y le pidiera disculpas.

Alex le estrechó la mano y le dijo: «Mi hermano me hizo hacerlo». Vaya, eso fue en mi esfuerzo por ser un buen padre.

Aunque Mindy no se rió mucho ese día, era una madre fabulosa y todavía lo es. He dicho muchas veces, con el correr de los años, que no ha habido una mejor mamá para los muchachos. Ella se igualaba a ellos con su energía y los alentaba en sus deportes. Ella es una gran atleta es hija de otro de mis héroes, el gran Jim Grafton, que fue jugador titular del equipo de baloncesto

—que obtuvo segundo lugar en el campeonato de Moline en 1943—, y estandarte de baloncesto de los Iowa Haweye, que además sirvió a su país en el cuerpo aéreo del ejército en la Segunda Guerra Mundial.

Mindy defendía a nuestros hijos, les presentaba retos, los quería y los criaba. Ella estimuló sus corazones, los aceptaba por lo que eran, y les inspiraba a persistir en perseguir sus sueños.

Una de las mejores cosas de criar hijos tiene que ser ocupar el asiento en primera fila en las actividades de ellos. Sus dramatizaciones como valerosos caballeros jóvenes, poderosos superhéroes, feroces osos y dragones que despiden llamas, no fueron simplemente fantasías para ellos a los tres, cuatro o cinco años. En realidad, estaban convencidos de que eran el personaje que representaban, por lo que atesoro el privilegio de haberme dejado absorber en su torbellino mientras ellos avanzaban retozando por la vida.

Les enseñamos respeto y disciplina, por lo que todos fueron buenos muchachos. Pero hay razón para que la frase «los chicos siempre son chicos» se haya vuelto un clisé: lleva en sí una enorme verdad.

Un día de primavera cuando Mindy había ido a comprar víveres, una granizada que salió de la nada cayó sobre Moline. Después de ver los cientos de abolladuras en nuestro auto nuevo, Mindy se fue a la casa de nuestra cuñada Molly para calmarse y tomar café. Alex y su primo Benny se fueron a inspeccionar las hileras verticales de abolladuras en nuestro coche en la rampa de entrada. Después de un rato el timbre sonó y Molly saludó a una mujer mayor que amablemente le preguntó: «Señora, ¿quiere usted que esos niñitos hagan abolladuras en los lados de su coche?».

Para entonces, Mindy se había familiarizado con su instinto que le decía que en alguna parte cercana un pequeño Hallene estaba haciendo travesuras. Con certeza, ella y Molly hallaron a Alex y Benny con martillos de bola cerca de nuestro coche. Habían hecho doscientas abolladuras horizontales tipo «granizo» en los lados del coche para copiar las hileras verticales que la madre naturaleza había hecho con el granizo real.

¿Qué eran doscientas más entre las otras incontables? Por lo menos trataron de ser simétricos en su trabajo. Desdichadamente, nuestro agente de seguro no se rió cuando dijo que cubrirían solo las abolladuras verticales, puesto que dudaba que el granizo pudiera causar daño en noventa grados horizontales.

Pero Alex y Benny no habían terminado su travesura. La próxima vez pusieron su vista en el nuevo y lujoso Cadillac blanco de su abuelo. Después de una larga lluvia, se pusieron sus botas de tortugas ninja, pisotearon varios charcos de lodo y se subieron por todo el coche: capó, techo y maletero; y volvieron a repetirlo. La gente se pregunta por qué mi pelo tenía franjas de canas cuando apenas andaba en los treinta.

Pero nos mantenían riéndonos, eso sí. Cuando visitábamos la iglesia de mis padres y mi papá le daba a cada niño una moneda de diez centavos para la ofrenda, Alex alzaba la vista para mirarlo dudosamente y comentaba: «Nosotros les pagamos veinticinco centavos a nuestros maestros en nuestra iglesia».

Cuando se portó mal durante un viaje a Florida a los diez años, le di a escoger entre una zurra o hacer lagartijas. Él escogió el ejercicio y empezó a contar. Fiel a su edad, tenía algo de la actitud de adolescente, así que añadí diez más cada vez que soltaba alguna sandez. Cuando llegó a doscientos, continuó pero dijo: «¿Cuántas más, Al?». Él bien podía haber cambiado a un solo

brazo y añadido algunas acrobacias por la diversión. Solté la car-
cajada, me agaché para ayudarlo a levantarse y probablemente
dije algo importante como padre. Él podía desarmar a cualquiera con su encanto, pero nunca se metió en problemas reales y
todos lo querían.

En algún momento se le tildó de «*Yalex*», apodo que se acu-
ñó debido a que su nombre era el primero al salir de nuestros
labios cada vez que necesitábamos la atención colectiva de los
niños. Llamar «Alex» sin resultados, a la larga se convirtió en
un grito que sonaba como *Yalex*, el resto es historia.

Yalex no era el único en sus travesuras. Sus compinches,
Bryan y Jimmy, siempre estaban listos para acompañarlo en sus
aventuras. Bryan, el instigador callado, puede haber parecido
un poco más moderado, pero Jimmy... ah, mi Jimmy. Mindy y
yo solíamos caer en la cama cada noche para procurar descansar todo lo posible antes de fajarnos para mantenernos a la par
con Jimbo en la mañana.

Jimmy una vez utilizó un marcador rojo para conectar
una con otra todas las manchas de nuestra dálmata, Bonnie,
por supuesto. Puso una caja de cereal en el horno a 350 °F para
hacer cereal caliente, así supimos que el cartón se enciende a
esa temperatura. Llenó el inodoro con pelotas de golf. Metió
un chupetín en la secadora de la barbería y después dijo: «Yo
no hice eso», cuando los adultos vieron que de la máquina
salía humo.

Una vez, cuando tenía unos años más, saltó sobre la red de
tenis para sacarle a la fuerza algo de honradez a un competidor
tramposo. Su oponente contaba las bolas perdidas a favor de su
propia puntuación. Cuando Jimbo se lo reclamó, el muchacho
soltó un comentario despectivo en cuanto a Jimmy, que

entonces saltó la red y agarró al chiquillo antes de que los adultos intervinieran.

En realidad, estábamos más bien orgullosos de Jimmy por esperar tal honradez, y eso para no mencionar que saltó tan fácilmente la red. Era un chiquillo fornido.

Me siento orgulloso de que mis hijos sean defensores cuando la situación lo exigía. Alex era el protector más coherente de su primo Matt, pero recuerdo una vez cuando un par de buscapleitos en el patio lo hicieron caer empujándole para quitarle la pelota. Un Jimmy mucho menor entró en la escena, les dio puñetazos a ambos muchachos y le devolvió la pelota a su primo.

Nuestros tres «muchachotes» se ganaron su nombre. Un par de veces encerraron a sus cuidadoras en el clóset, quienes luego salían corriendo por la puerta tan pronto como Mindy y yo llegábamos a casa, diciendo mientras huían: «No me paguen. No me llamen». Los pequeños no eran demonios, pero podían ser una pandilla revoltosa.

Así que hicimos de la iglesia una prioridad, como lo había sido para nosotros dos al crecer. Hicimos lo mejor que pudimos para inculcar semillas de fe y cultivar normas cristianas para ayudar a canalizar la testosterona. Y estoy seguro que la asistencia periódica a la iglesia nos recordaba a Mindy y a mí que impartiéramos dosis saludables de gracia y humor junto con las reglas y la disciplina.

A medida que los muchachos crecían, nuestros días se llenaban con sus actividades. Aparte de los estudios, jugaban varios deportes y cantaban en el coro de jovencitos de Moline, del que yo había sido parte en mis años jóvenes. Los sábados de primavera y a principios de verano realizaban eventos de todo el día en la cancha de béisbol. Empacábamos un enfriador y manteníamos el horario a mano para llevar a cada hijo a la cancha o doble partido en que su equipo jugara. Y, de nuevo, nos encantaba.

Durante esos años, nuestra casa —cariñosamente llamada nuestra «Ponderosa»— se hallaba al final de una calle tranquila cerca de una zanja llena de árboles en donde a los muchachos les encantaba jugar con los vecinos. Había abundante espacio para explorar entre la hermosa naturaleza y lejos del tráfico. Incluso abrimos un sendero por la zanja y hasta el otro lado que alcanzaba la próxima calle para que los muchachos fueran y volvieran mientras jugaban.

También tratamos de inculcarles un significado histórico. Cada año hacíamos gran alharaca por sus cumpleaños y les servíamos el desayuno en la cama en su día especial. Fuimos a Dallas para mostrarles la sala de maternidad del Hospital Presbiteriano en donde nacieron Alex y Bryan. Les mostramos nuestra casa anterior en McKinney y fuimos a un partido de los Cowboys, el favorito de Bryan, aun cuando sus hermanos siempre favorecieron a nuestros Chicago Bears. Visitábamos cada año el condominio de mis padres en Naples, Florida, así como también hacíamos viajes al lago en Minnesota y a otro lago en Wisconsin, en donde la familia de Mindy tenía una cabaña.

La tradición y las generaciones desempeñaron un papel significativo en sus años de crecimiento así como también en sus años adultos. Alex y su mejor amigo, Lars, siguieron mis pisadas y las de Chris en el congreso estudiantil en Logan, tal como Chris y yo habíamos seguido las pisadas de nuestros padres en la junta escolar de Moline. Chris y yo festejábamos a nuestros hijos en un día anual en que faltaban a clases para ir a montar en las montañas rusas en el gran parque de diversiones mecánicas

Six Flags, cerca de Chicago. Algunos recuerdos valen la pena romper una o dos reglas.

Nos encantaban las conexiones que hicimos. Nuestros amigos tenían amistades que también se hicieron amigos nuestros y viceversa, y nuestros vecinos venían para la celebración de Navidad el 23 de diciembre de cada año. Participábamos unos con otros, tratamos de enseñar con el ejemplo el valor de abordar de corazón la vida y las relaciones.

Obviamente, el área de Quad Cities le dio pertenencia e identidad a nuestra familia. Mindy y yo estábamos agradecidos por criar a nuestros hijos en la clase media de Estados Unidos de América. En muchas maneras estábamos viviendo el sueño estadounidense. Mi amigo Jim, que me ayudó la mañana de la muerte de Alex, una vez dijo: «Si alguna vez hubo una familia estadounidense típica, fue la familia Hallene». Un matrimonio, tres hijos y Bonnie, la perra. Una casa linda, trabajos productivos y papeles influyentes sirviendo a la comunidad. Nos iba bien. Todavía nos va bien, pero como la de cualquier otro, nuestra experiencia ha capeado algunos escollos y tropiezos en el camino.

Seguimos atareados en los años de adolescencia de nuestros hijos; sin embargo, me he preguntado si tal vez estuve demasiado ocupado con el trabajo y mi participación en la comunidad, sirviendo en funciones tan extenuantes como ejecutivo de la fundación Junior Achievement y la junta escolar, y a la larga como presidente. En algún punto del camino nuestro matrimonio llegó a aguas turbulentas y la cotidianidad de nuestro hogar cambió.

Mindy y yo nos divorciamos en el año 2000, cuando los muchachos tenían quince, trece y doce años. Yo me mudé a una casa estilo Cape Cod en un barrio llamado Beaver Cleaver, de la década de los cincuenta, a tres casas de donde vivían mis abuelos Hallene. Mi madre todavía vive a seis calles de mí, en la casa en que yo crecí. Si la geografía le parece confusa, simplemente piense el «consuelo de volver a mis raíces» y estar cerca de las «conexiones gratas». Cuando muchacho, jugaba en mi casa actual con uno de mis amigos del jardín de infantes, y los mismos árboles que bordeaban las calles hace varias décadas todavía bordean el barrio. El hogar es una gran cosa, y Mindy y yo hicimos lo mejor que pudimos para asegurar que los muchachos todavía tuvieran una sensación hogareña en ambas casas.

Mientras todos tratábamos de ajustarnos al divorcio, mi casa cercana facilitaba las visitas continuas y frecuentes con Alex, Bryan y Jimmy. Yo había estado viajando por todo el país por asuntos de trabajo, además de ir y venir para enseñar en la Universidad de Iowa, en Iowa City. Necesitaba ver a los muchachos, así que reduje los viajes y me concentré en enseñar, lo que me encanta.

Con el paso de los años, Alex acumuló funciones, pero sobresalía en todo lo que hacía. Era hijo, hermano mayor, nieto, primo, amigo de todos —anfitrión, por así decirlo— atleta de talentos múltiples, un encantador chiquillo con genialidad popular y líder. Fue ayudante del capitán de su equipo de tenis en la secundaria, vicepresidente de la clase de penúltimo año, vicepresidente de la fiesta de bienvenida ese año, y llamado súper fan debido a su espíritu estudiantil, así como miembro del equipo académico de toda la conferencia. Era extrovertido y fue a un buen número de bailes escolares, salió con algunas muchachas y disfrutaba de una vida social plena.

En muchas maneras Alex era el adolescente típico, aunque también sobresalió. Tenía en él una cualidad que atraía a otros, lo que es un éxito natural de muchas maneras. Era divertido y podía ser bromista.

Él y Lars una vez se aliaron para hacer una competencia para comer rosquillas a fin de recaudar fondos para ayudar a los niños con hambre. Él fue el director y Alex el que comió. Les fue bien, cuando la temporada de Navidad llegó poco después, enviaron una tarjeta de fotos a los auspiciadores, agradeciéndoles por el respaldo e invitándoles a ayudar de nuevo el año siguiente. ¿Cuántos muchachos de diecisiete años harían eso?

Aunque todos mis muchachos jugaron varios deportes, con el tiempo cada uno descubrió su favorito. No puedo pasar por alto un momento de padre orgulloso para decir que los tres llegaron a equipos estatales: Alex en tenis, Bryan en tenis y casi en golf; y Jimmy como apoyador titular de Moline, llegando dos veces a las semifinales estatales. Yo coleccioné las crónicas periodísticas que mostraban a mis hijos y destacaban sus citas de entrevistas para mostrárselas a los nietos algún día.

Pero lo que más me impresionaba era cuando veía la naturaleza altruista revelarse en sus actividades. Había aprendido de generaciones anteriores que el servicio en la comunidad y atender las necesidades de otros son prioridades altas, y que los demás honores no importan gran cosa. El servicio hace un impacto duradero.

Incluso desde pequeño, el corazón de Alex por otros relució de una manera especial. Se interesaba por la gente. Incluía a sus hermanos y a sus amigos con una mano de bienvenida en lugar de superioridad.

En el condominio de Alex, el 2 de octubre de 2008, me solacé en los recuerdos de esos breves momentos mientras pensaba en nuestra historia juntos. Recordé el gozo al convertirme en padre. Posé la mirada en mi hijo adulto que se había ido de esta tierra y recordé cómo su madre y yo habíamos pasado meses esperando su llegada y todos los años desde entonces.

Luego, como con los demás mensajes, sentí el don que se desvanecía tras la tragedia que retornaba para envolverme una vez más. Esos gratos recuerdos se alejaron y, simplemente, éramos Alex y yo de nuevo en octubre de 2008. Me aferré a la gratitud todo lo que pude, besando a mi hijo, y agradeciéndole por luchar tan duro para vivir el día en que nació a fin de poder allanar el camino para sus dos hermanos menores. Le agradecí por ser el líder de nuestra manada, el que toda su vida había dirigido a sus hermanos con firmeza. También le agradecí por hacerlo tan bien como el mayor y primogénito de nuestra familia, papel que a menudo no es fácil de ejercer. Yo también soy el mayor, así que sabía algo de la responsabilidad que lleva el hijo mayor. Sabía que Alex había hecho un trabajo mucho mejor que el que hice yo.

Conforme este álbum de recuerdos se desvanecía, le agradecí a Dios, el que supe estaba allí con nosotros, por permitirme el honor y el gozo de ser padre terrenal de Alex.

Capítulo cinco

Cosas de la vida

AL, MINDY Y ALEX EL DÍA DE SU BAUTISMO EN FIRST UNITED METHODIST
CHURCH, MCKINNEY, TEXAS, EN LA PRIMAVERA DE 1986

PAPÁ Y ALEX EN NAPLES BEACH, GOLFO DE MÉXICO, EN LA PRIMAVERA DE 1986

ALEX (3 AÑOS)
Y AL EN LAKE
MAY, WALKER,
MINNESOTA, EN EL
VERANO DE 1989

LA FAMILIA HALLENE, EN MOLINE, ILLINOIS, EN LA NAVIDAD DE 1990

LOS CHICOS HALLENE EN LA TARJETA NAVIDEÑA DE 1991

EL ENTRENADOR AL CON JIMMY, BRYAN Y ALEX —CON DOS BRAZOS ROTOS—, EN EL CLUB DE BÉISBOL DE PADRES DE LOGAN ELEMENTARY K–2, EL VERANO DE 1993

JIMMY (5 AÑOS), BRYAN (7 AÑOS) Y ALEX (8 AÑOS), EN EL MUELLE DE LOS HALLENE, EN LAKE MAY, EL VERANO DE 1994

ALEX (8 AÑOS), PRACTICANDO BATEO EN EL CLUB DE BÉISBOL DE PADRES DE LOGAN ELEMENTARY, EL VERANO DE 1994

ALEX, SUS HERMANOS Y MATT EN BICICLETAS EN EL
VECINDARIO DE MIMI Y PAPÁ, EL VERANO DE 1994

LA FAMILIA HALLENE EN LA NAVIDAD DE 1994

ALEX CON
SUJETADORES
DENTALES
(13 AÑOS)

PAPÁ Y ALEX EN LAKE MAY, EL VERANO DE 2000

PAPÁ Y MIMI EN SUS BODAS DE ORO EN EL HOTEL SMUGGLERS
INN RESORT, VERMONT, EN JUNIO DE 2001

ALEX, EL COCAPITÁN DEL
EQUIPO DE TÉNIS, EN
LA CANCHA DE TÉNIS DE
MOLINE HIGH SCHOOL, EN
LA PRIMAVERA DE 2003

BRYAN (18 AÑOS), JIMMY (17 AÑOS), AL Y ALEX (20 AÑOS), EN LA
TARJETA NAVIDEÑA FAMILIAR HALLENE DE 2005 EN MOLINE, ILLINOIS

ALEX (21 AÑOS), PESCANDO CON JIMMY (18 AÑOS) EN EL BOTE ROJO
DE ALEX EN LAKE MAY, WALKER, MINNESOTA, EL VERANO DE 2007

ALEX (3 AÑOS) EN LA PUESTA DE SOL EN NAPLES
BEACH, GOLFO DE MÉXICO, VERANO DE 1988

Aun si voy por valles tenebrosos, no temo
peligro alguno porque tú estás a mi lado; tu
vara de pastor me reconforta.

Salmos 23.4

No sé cuántas veces he visto la película *Gladiador*, del año 2000, pero para mí se ha vuelto un clásico. Escenificada en el gobierno avasallador del Imperio Romano, la película es brutal y cruda, aunque hermosa. Se enfoca en la experiencia de un hombre, el gran Máximo Décimo Meridio: esposo, padre, guerrero y hombre escogido por el emperador para convertir el imperio en una república.

Pero lo pierde todo. Su esposa e hijo son salvajemente asesinados en un acto de venganza. Despojado de su posición, Máximo se halla degradado a la existencia de esclavo, gladiador obligado a pelear en la arena. Sus pérdidas indecibles se hicieron eco en mí, así como también el modo en que se aferró a la esperanza de una reunión futura que le llevara a atravesar la tristeza.

Un día, en los cuarteles de esclavos en donde los gladiadores entrenaban, Máximo y su amigo Juba hablaban en cuanto a ver a sus seres queridos después de morir. Juba decía que esperaría a su familia en la vida más allá porque estaba casi seguro de que llegaría antes que ellos.

Máximo dijo: «Mi esposa y mi hijo ya están esperándome».

Juba le respondió: «Los verás de nuevo. Pero no todavía. No todavía».[1]

No todavía. No todavía. Esas palabras se han vuelto una especie de grito de batalla para mí, un recordatorio —no de la esperanza de los personajes ficticios, sino— de las promesas de Dios.

Todavía sé que Dios estuvo a mi lado en el condominio. No, él ya había estado allí con Alex. El Dios que me encontró la mañana de la muerte de Alex nunca habría dejado a mi hijo solo en su sufrimiento la noche previa. Dios simplemente se quedó esperándome.

La mente puede conjurar imágenes terribles cuando se la deja libre. Estoy agradecido porque Dios recogió mis pensamientos cuando yo no podía, después de hallar a Alex. Él se comunicó conmigo perfectamente en esos momentos y me dio claridad entre la niebla de la aflicción, lo que me aseguró que estos mensajes eran de él. Estas experiencias me sostendrán por esta vida y la eternidad.

Pero Dios no había acabado su tarea ese día en Champaign. Él tenía varias soluciones listas para mis preguntas y algunas cosas que decirme en cuanto a esta existencia terrenal. En la esencia de mis preguntas estaba esta gran cuestión: *¿por qué?* Ver a Alex sin vida no tenía sentido. Yo solo lo había visto vivo, nunca me imaginé esa escena hiriendo mis ojos y plantándose en mi cabeza. Además, *¿por qué* todos mis esfuerzos al atender sus necesidades no determinaron para él una diferencia que le salvara la vida?

Dios empezó a responder a mis preguntas ese día pero, incluso así, parecen nunca acabar y me impulsan a cuestionar toda decisión minuciosa. ¿Lo llevamos a los orientadores apropiados? ¿Debíamos haberle animado a que dejara los estudios por un semestre o que se transfiriera a una universidad más cercana a nosotros, como la Agustana, en la vecina Rock Island, adonde Bryan y Jimmy asistían? ¿Hubo algún indicio que debíamos haber captado o alguna otra manera en que podríamos haber intervenido? Nos enteramos poco después de su muerte que tenía planes para almorzar con un amigo al día siguiente y para viajar a un partido en una ciudad distante ese fin de semana. Así que, ¿por qué terminarlo todo esa noche? Tanto que queda por preguntar; los «por qué» y los «si solo» son suficientes para sacar de quicio a una persona.

Otra pregunta que me ha acosado es si se podría haber salvado a Alex si yo hubiera tenido la lucidez de llamar a mi amigo Jim a las seis de la mañana para que fuera a verlo en lugar de conducir todo ese trayecto. Eso probablemente habría sido demasiado tarde, pero si yo hubiera recargado mi teléfono en el dormitorio en vez de dejarlo en la sala, ¿habría oído que timbraba? ¿Acaso la vida de Alex pendía de una decisión arbitraria como tantas otras que hacemos todos los días?

Nos ha sido dada una vida en esta tierra y mucho de ella está recargada de interrogantes. Hay mucho fuera de nuestro control. ¿Cuántos de nuestros momentos —y en última instancia, nuestra supervivencia— están sujetos a los caprichos de los sucesos al azar, o al mal o a nuestro propio quebrantamiento?

Supongo que todas esas preguntas se pueden resumir en dos: ¿es Dios lo suficientemente amante y poderoso como para cuidarnos y cómo puede alguno de nosotros estar seguro de que no nos estamos perdiendo algo vital que habría determinado toda la diferencia?

Bienvenido al mensaje número cuatro.

Dios me confirmó que él interviene en los detalles de nuestras vidas, innegable e íntimamente. Cada minuto, mes, año y década. Amén a eso cualquier día de la semana, pero especialmente en aquellos que nos ofrecen circunstancias en las cuales no podemos hallar sentido por nuestra cuenta.

En este cuarto don, Dios imprimió en mi corazón Mateo 6.25, las palabras de Jesús hace dos mil años: «Por eso les digo: No se preocupen por su vida, qué comerán o beberán; ni por su cuerpo, cómo se vestirán. ¿No tiene la vida más valor que la comida, y el cuerpo más que la ropa?».

Jesús pasó a compararnos con las aves de los cielos que ni siembran, ni siegan, ni almacenan en graneros, sino que instintivamente descansan en nuestro Padre celestial que provee para ellas. Y, ¿no somos nosotros más valiosos? El afán no puede añadir nada a la vida (vv. 26–27). Luego Jesús habló de los lirios que crecen en el campo. Ni trabajan ni hilan, y sin embargo ni el rey Salomón en todo su esplendor se vistió como ellos (vv. 28–29).

Después resumió la esencia de esos ejemplos: «Más bien, busquen primeramente el reino de Dios y su justicia, y todas estas cosas les serán añadidas. Por lo tanto, no se angustien por el mañana, el cual tendrá sus propios afanes. Cada día tiene ya sus problemas» (vv. 33–34).

El escalofrío volvió, pero finalmente entendí ese pasaje de la Biblia. Las lágrimas fluyeron de nuevo mientras peinaba el pelo de Alex con mis dedos y cerraba sus ojos por última vez. Me maravillé por el bien formado cuerpo de mi hijo, cómo ocurrió la primera vez que lo vi. ¿Cuándo, en el camino, perdí el enfoque en el milagro de la vida? En ese momento el asombro volvió. Los dedos y las manos de Alex, tamaño de hombre, eran tan milagrosos como lo habían sido veintitrés años antes. Vi en mi hijo plenamente crecido la misma profunda vulnerabilidad que me impulsó a protegerlo ferozmente cuando era un recién nacido.

Recordé mi primeros momentos con él, cómo observé su pecho diminuto hincharse mientras se esforzaba por respirar. Después de que pasó el peligro, recuerdo que toqué cada dedito de las manos y de los pies esperando que sus ojos cerrados se abrieran para poder conectarme con él. Él miró alrededor como diciendo: *¿dónde estoy? ¡Quiero regresar!* Y todo en mí se conmovió para darle tanta comodidad y seguridad como tuvo en el vientre.

Pero ahora, en lugar de oír su respiración, oí mi propia y trabajosa respiración. Cuán fácilmente olvidamos el milagro.

No advertí la importancia de las palabras de Jesús a través de los años por mis afanes egoístas acerca de las cuentas, las casas, los coches, los trabajos; cosas que finalmente se volvieron irrelevantes o, a propósito, nunca fueron lo más importante.

Entendí de una manera más completa que venimos a esta vida sin nada excepto un cuerpo y un alma. Recordé el don reciente de Dios en cuanto a los recuerdos de la vida de Alex. El orden de los mensajes todavía me asombra. Vinieron en perfecto orden y precisión, puesto que Dios quería edificar uno sobre el otro. Acababa de recordar a Alex cómo un recién nacido puro, necesitado, y luego a través de sus años de crecimiento. Todos esos recordatorios condujeron a este cuarto mensaje que imprimió en mi corazón el valor de la vida humana.

Me pregunto por las presiones que Alex sentía para alcanzar algún estándar mundanal de aceptabilidad, eso que percibió como la necesidad para probarse a sí mismo al punto de colapsar. Creo que la presión estudiantil influyó en la depresión de Alex y me pregunto con cuánta preocupación batalló para alcanzar los niveles de éxito fijados por otros. El enemigo puede tergiversar la verdad y hacer que el más fuerte de nosotros pierda el enfoque en lo que realmente importa; cuestionamos nuestra valía, por lo que nuestra esperanza se fatiga. Puedo entender algunas de estas presiones porque yo enfrenté unas cuantas similares en mi juventud y, en realidad, toda mi vida.

Mi padre fue mi héroe. Alan Montgomery Hallene fue un hombre con una presencia gigantesca que sobresalió en todo lo que hizo. Creció en una granja en Orion, Illinois, y afirmaba que la Universidad de Illinois hizo su vida. Debido a que Illinois era una universidad agrícola en ese tiempo, él y mi madre pudieron asistir por cincuenta dólares el semestre. Ambos aprovecharon bien esa inversión.

Se conocieron en Quad, mientras él estaba forjándose un nombre académicamente. Consta en la lista de la prestigiosa Tablilla de Bronce de la universidad por graduarse entre el tres por ciento más alto de la clase de 1951, un logro increíble en una institución tan presionante. Fue el segundo en homenajes de su clase de entre unos cinco mil estudiantes, y su retrato cuelga en la Unión Illini por ser presidente de la Asociación de Exalumnos y la Fundación de la Universidad de Illinois (rama que recauda fondos para la institución). En 1985 aceptó el más alto galardón por su éxito debido a su trabajo como voluntario.

Tras graduarse, no planeaba trabajar en los Ascensores Montgomery. Pero después de una muerte en la familia, dejó su trabajo en la Comisión de Energía Atómica en 1953, para mantener la empresa Montgomery en la familia. Fungió como presidente desde 1968 hasta que se jubiló en 1994. Durante sus años de liderazgo el negocio prosperó hasta llegar a convertirse en la compañía privada más grande en la industria de ascensores, catalogada cuarta en ventas totales de ascensores y escaleras mecánicas, y primera en escaleras. La compañía incluso llevó a Neil Armstrong los primeros treinta metros a la luna, ¡al conducirlo a la cúspide de la nave espacial Apolo! En 1994 la compañía fue vendida a la corporación KONE, marcando el fin de una era.

Alex tenía como nueve años la primera vez que me preguntó por la decisión de vender Montgomery. «Quiero ser presidente allí algún día, papá». El corazón se me subió a la garganta. Yo me estaba sintiendo miserable por todo aquel cambio, pero me conmovió su orgullo por la historia de nuestra familia. Mostraba su madurez a tierna edad y contrastaba con el bochorno que yo sentí la mayor parte de mi vida rodeado por el aura del éxito de mi padre.

A los seis o siete años Alex me pregunto por qué no le puse por nombre Alan III. Me cogió desprevenido. Toda mi vida temprana detesté que se me llamara hijo. Es más, crecí con todos llamándome Lanny hasta mis últimos años de primaria. Algunos de la familia y los viejos amigos todavía me llaman Lan, y me encanta como término cariñoso. Pero «hijo» me sonaba terrible.

Estaba en los treinta pasados cuando finalmente empecé a disfrutar de la grandeza de mi padre en lugar de querer huir de ella. Reconocí la oportunidad de trabajar con él en Montgomery, en donde podía aprovechar su esplendor y excelentes dotes de persona.

Entonces, al ver a mi hijo pequeño sintiéndose orgulloso de que su segundo nombre de pila fuera Montgomery, y diciendo que le hubiera encantado ser la quinta generación de nuestra familia que trabajara allí, no tuve una respuesta adecuada para él. La respuesta real era que nos habíamos vuelto demasiado grandes y lucrativos como para que una compañía pequeñuela compita intencionalmente con los más grandes jugadores de la industria.

He pensado que Alex tal vez estaría vivo hoy si todavía hubiéramos tenido la compañía. Si hubiéramos sabido de las dificultades académicas de Alex en su último año, si él se hubiera sentido más cómodo contándonos, podría haberse tomado un receso como muchos universitarios lo hacen, y trabajado en la fábrica hasta que pudiera recuperarse. Nunca lo sabremos.

Alex tenía mucho que mirar también del lado de Mindy de la familia. Su padre, a quien mis muchachos llamaban Papa Jim, era un hombre asombroso. Era el dueño de la Fundición Blackhawk en Davenport, Iowa, y sirvió en la junta de Moline Park como presidente de 1969 a 1977.

En cuanto a mis padres, siempre contribuyeron a su alma máter, por lo que en 1998 fueron honrados por su generosidad cuando se construyó el Corredor Hallene en la entrada este de la universidad y se le puso el nombre de ellos. Un tallado en la cúspide dice *Aprendizaje y trabajo*, y es una impresionante obra de arquitectura. El arco fue originalmente un portal de entrada de un edificio universitario que había sido derribado. En los años desde que se le volvió a dar uso, la entrada ha dado la bienvenida a todo universitario que se une a las filas naranja y azul de los equipos universitarios Fighting Illini. Nuestra familia extendida estuvo presente en la dedicación, por lo que los retratos revelan el orgullo que sentimos en el legado que nuestros padres habían construido.

Yo seguí sus pisadas al estudiar allí, como también mi hermano. Aunque me fue bien, tuve que quemarme las pestañas para obtener cada calificación. Continuamente llevaba el peso de probarme a mí mismo, siempre inseguro de poder llegar al nivel tan alto que mi padre había fijado. Disfruto al mencionar que me destaqué en retórica el primer año, el único curso en que obtuve una calificación B durante mis estudios universitarios. Mi papá habló en mi graduación en 1974 en el auditorio que tiene capacidad para 17,000 personas.

En sus últimos años trabajó en la Junta de la Fundación MacArthur, función que le conectó con un renombrado grupo de iguales que incluían al locutor de radio Paul Harvey; Jonas Salk, que desarrolló la vacuna para la poliomielitis; el ministro de finanzas William Simon; el fiscal general de Estados Unidos general Edward Levi; y Murray Glenn-Mann, ganador del Premio Nobel.

Ser su hijo era un honor, aunque intimidante. Sin embargo, él nunca me impuso sus éxitos; muy al contrario. Me animó a alcanzar mi propio potencial y usar su experiencia, habilidades y corazón gigante para edificarme. Él y mamá nos criaron pensando en Lucas 12.48: «A todo el que se le ha dado mucho, se le exigirá mucho». Y una vez se le citó diciendo: «La vida es la gente, por eso me encantan las personas. El cómo uno se relaciona con ellas es lo realmente importante en la vida».

A pesar de las presiones académicas, mucho del legado de nuestra familia empezó en Illinois, porque si mi viejo no se hubiera encontrado con mi mamá en Quad en 1947, ¡nosotros no habríamos existido! Es más, como una manera de repagar, sueño con organizar una fundación que ofrezca asesoramiento cristiano gratuito basado en la universidad para universitarios y veteranos. Tal vez otros puedan recibir ayuda mientras enfrenten los estudios, la carrera y otros estresantes.

Basado en las conversaciones que Alex inició conmigo con el correr de los años, sé que le hubiera encantado el legado de nuestra familia en la Universidad de Illinois, tanto allí como en casa en Moline.

Con todo, pienso que llevó cierta carga para hacer que las generaciones por delante de él se sientan orgullosas. Me llamaba su héroe y ocasionalmente mencionaba mis responsabilidades y servicios cívicos. «¿Cómo lo haces, papá? Tú eres mi héroe. Tienes un título en ingeniería mecánica de una universidad importante y un doctorado en filosofía de Iowa. Eres un exitoso gerente de planta John Deere en Montgomery, presidente de la junta escolar de Moline...».

Cada vez, sus preguntas revelaban algo de sus ambiciones y posiblemente algo de duda de si mismo en cuanto a si pudiera lograr el éxito. Yo le respondía: «Tú harás todas esas cosas también, Alex. Mira todo lo que ya has hecho en tu tierna vida». Le explicaba que yo siempre sentí que tenía cierta genialidad popular pero pensaba que era un tonto académicamente, comparado con mi sabio padre, de ojos azules como los de Paul Newman. Me sentía destinado a ser un jugador B en el mundo de los negocios. Pero, en John Deere, aprendí que si trabajaba un poquito más duro, más del horario y trataba bien a las personas —cosas muy fáciles para mí y para Alex—, las promociones vendrían.

Mientras hablábamos, yo mencionaba sus logros en deportes y en gobierno estudiantil, así como las cualidades que siempre confié que le llevarían lejos en la vida. Él siempre había sido tenaz, un alto triunfador que siempre había sido su propio crítico más severo. En realidad, pensaba que teníamos buenas conversaciones acerca de todo. Pero esas ambiciones ahora parecen basura en comparación con la vida de mi hijo.

Alex se especializó en finanzas como mi hermano menor, Jim (tío Chip para mis muchachos). Alex esperaba empezar a trabajar con él después de su esperada graduación en diciembre de 2008. Estaba en su quinto año de universidad ese año y parecía que tendría que retrasar un poco más su graduación. Pienso que ese retraso fue la razón por la que Alex se quitó la vida.

En algún punto en el camino, aunque nunca nos lo dijo, o abandonó los estudios o no se matriculó ese semestre. Debido a su edad, no podíamos legalmente saberlo sin su permiso por escrito. Decidimos no martillar en eso por respeto a él. Sea cual sea el caso, no iba a lograrlo para diciembre de 2008, por eso pienso que la desesperanza le ganó. Se sintió atascado, atrapado en el sistema, y él era tan concienzudo que no quería avergonzar a la familia.

Alex creció amando a la Universidad de Illinois, todo en cuanto a ella, y puede haber sentido que no estaba viviendo a la altura de su sueño. Se destacó en tenis en la secundaria, pero cuando llegó el tiempo de solicitar admisión en la universidad y le pregunté si quería ir a otra más pequeña en donde realmente pudiera disfrutar de jugar el deporte, dijo: «Papá, quiero ir a Illinois. He soñado con ir allá desde que tenía cinco años». Empezó su ensayo de solicitud de admisión con esas palabras.

Pero cada día al dirigirse al plantel ese semestre final, conducía pasando por la entrada, lo que siempre le recordaba la fanaticada de los Hallene. Nunca me recuperaré por contribuir sin quererlo a la presión llevándolo a él y a sus hermanos todos esos años a los juegos Illini con sus compañeros de escuela.

Alex dejó esta vida solo con su alma. Nada de lo que experimentó, logró, fracasó, temió, soñó y poseyó se fue con él a la eternidad. Dejamos esta vida sin nada más que lo que fue inculcado en nuestras almas en la tierra y, sin embargo, a menudo no prestamos la mayor atención que ahora lo efímero. En el día de la muerte de Alex, Dios me despertó a su mayor camino y, como resultado, enfoco la vida de manera diferente. Veo la vida y las personas por los lentes correctivos de Dios.

Sé cuánto quiero a mis hijos y siempre los querré. A veces me siento mal por los amigos que no pueden tener hijos. Estoy agradecido porque tuve a Alex por veintidós años. Hubiera recibido de buen agrado veintidós meses, veintidós semanas, veintidós días o incluso veintidós segundos antes que ni uno solo. Haría cualquier cosa que pudiera para cuidar a mis hijos; pero como humano, puedo descarriarme por las presiones cotidianas.

Y sin embargo, ¿hay algo en esta tierra más importante que interesarse por las personas, en cuerpo y alma? Puesto que el Creador cuida y provee para una naturaleza que él mismo formó, nos da prioridad a nosotros, sus obras maestras creadas a su imagen (Génesis 1.27). Él nos conoce hasta la médula. Cuando considero la maravillosa belleza de Génesis, la forma íntima en que Dios les dio vida a los seres humanos, quedo aturdido. El que conoce nuestros lugares más desnudos, rotos, siempre está a mano para recibirnos tal como somos.

Cuando me sentía consumido por la culpabilidad e incapaz como padre para salvar a mi hijo, Dios eliminó la culpa reenfocándome en la celebración de la vida de Alex. De nuevo, es gracia de Dios que él me mostrara su amor mediante esta tragedia. Con estos cuatro mensajes hasta aquí —la visión de mi papá y mi hijo vivos y juntos; la promesa de que Dios sabía el número de los días de Alex; la gratitud por ser el padre de Alex; y este en cuanto al valor de la vida—, él me estaba guiando a ver su cuadro panorámico, el que me guió a través del dolor.

Pensé de nuevo en mi familia, cómo Dios me había guiado a la hermosa madre de mis hijos y nos permitió que nos casáramos. Cómo nos había dado tres increíbles hijos y todo un ejército de parientes y amigos con quienes celebrar la vida. Y cómo me estaba dando este poder de persistir en la secuela de nuestra pérdida, el conocimiento e incluso un cuadro de que Alex estaba feliz, sano y mejor que lo que la tierra permite.

El Señor me mostró que él es vida, no simplemente como nosotros la experimentamos en nuestros setenta, ochenta —o veintidós— años, sino vida más allá de lo que podemos imaginarnos.

No sé si pudiera haber captado estos conceptos más completamente que mediante la experiencia palpable de abrazar a uno de los más preciosos para mí después de que su tiempo terrenal terminó. Supe entonces que de nada sirve desperdiciar estos años en aventuras sin importancia que no nos dirigen a la Fuente de nuestra vida.

Aunque muchas cosas espirituales me han sucedido, esos momentos con Dios y Alex después de la muerte de este, fueron reservados. Me conmovieron en una forma en la que jamás había entendido que el Señor me hablara. Tal vez la intensidad del vínculo de padre a hijo me llevó a un nivel diferente de aflicción; quizás mis experiencias acumuladas me habían preparado para estar listo para una mayor comprensión.

Sea cual sea el caso, Dios me mostró que está muy cerca en la muerte, así como está presente y activo en la vida. Desdichadamente es fácil no verlo en el afán por ganarse la vida, al lidiar con las tiranías de lo urgente y planear para la universidad, la jubilación y las vacaciones del año próximo. Es fácil menospreciar a nuestros seres queridos que nos rodean; y a los que podemos ver y tocar también.

Como humano, seguramente menosprecié algo de lo que es más importante mientras pasaba veloz y hasta avanzaba con gran esfuerzo por los años del ajetreo diario. Pero mientras estaba sentado allí con Alex, Dios puso en mí un nuevo propósito para no atascarme sino para avanzar enfocado en sus prioridades, para ayudar a otros a descubrir la vida que él ofrece. Él pudo hacer eso en medio de una muerte terrenal porque su presencia y su propósito trascienden todo: muerte, corazón roto, dolor, culpa, remordimiento, lamentación, para atender al alma que lo necesite.

Alex se vio con la Fuente de vida en persona el 2 de octubre de 2008. Cualquier duda que yo pueda haber tenido respecto al lugar de Jesús en su vida fue puesta en reposo por el mismo Señor cuando más tarde me salió al encuentro.

Estoy aprendiendo que Dios provee ciertas anclas para nuestra fe, por eso todavía me aferro a las que él me dio en esos breves diez minutos. Esas anclas testifican de su fidelidad y sus promesas, pero tenemos que decidir seguir viviendo por fe. Esa decisión puede ser muy difícil de tomar cuando la vida nos asesta un golpe.

Cuando mi memoria batalla con las preguntas, tengo que entregárselas a Dios a fin de aferrarme a mi fe, para no decir que a mi cordura. Él me recuerda que estuvo allí cuidándome, tal como estuvo presente con Alex. Él ya me dijo que sabía el número de los días de Alex por eso el día de la muerte de Alex no fue una casualidad. El Señor estaba allí, teniéndolo todo en la mano.

No se nos otorga un salvoconducto del dolor en la tierra. Tal vez no sanemos aquí. Pero se nos garantiza una perfecta eternidad, completa sanidad, paz interminable, gozo incomparable y una aventura eterna si no dejamos de ver la Fuente que determina la diferencia. Debido a él, podemos vivir libres de afán, como Alex ahora.

Cuando las imágenes pesan demasiado para soportarlas, y los pensamientos del corazón roto de Alex acosan mi mente, tengo que devolverle esas cargas a Dios y aceptar en su lugar los pensamientos que puedo llevar. Para ser sincero, la alternativa es una batalla constante. Pero me mantienen a flote las visiones de Alex vivo y bien con el Señor, sin dolor y absolutamente sanado y completo. Él está en paz. Está seguro. No querría volver a la tierra. Yo siempre he querido lo mejor para mis hijos; puedo descansar sin preocupación en cuanto a Alex porque sé que está disfrutando de lo mejor.

Al haber procesado este mensaje, me he preguntado a qué cuerpos puede referirse Mateo 6.25 si no es a nuestros cuerpos físicos. Tal vez el cuerpo de mi familia o el de mis amigos necesitados, posiblemente mi país, e incluso mis hermanos y hermanas en el cuerpo de Cristo, como se hace referencia en 1 Corintios 12.12. Todavía estoy imaginándome eso, pero Dios me está dando tiempo para descubrirlo. Lo que sí sé es que le debo a Alex no dejar de ver lo que más importa por el resto de mis días. Tal vez Dios me usará a mí y mi experiencia para ayudar a alguien más. Es mi oración que así sea.

Capítulo seis

Dios también es Papá

Porque él no desprecia ni tiene en poco el
sufrimiento del pobre; no esconde de él su
rostro, sino que lo escucha cuando a él clama.

Salmos 22.24

*C*onforme la percepción previa se desvanecía, la realidad volvió y mi cuerpo empezó a temblar por la sobrecarga emocional. Daba lo mismo que se me hubiera abierto por la mitad; nunca me sentí tan deshecho. *Más allá* es una expresión apropiada para describirlo todo. Más allá del aguante, más allá de la comprensión, más allá de cómo pensaba que podía doler.

Quise más tiempo con Alex; no estaba listo para dejar que se fuera. Todavía tenía sueños con él. Él tenía sueños consigo mismo. No había completado su graduación y, sin embargo, me había preparado para enorgullecerme contemplando su desarrollo futuro después de la universidad.

No vería a todos mis tres hijos continuando sus relaciones mutuas conforme maduraran, ni abriría los brazos en nuestra familia al amor de su vida ni sería el padre del novio en su boda. ¿Con quién y cuándo se hubiera casado? Él nunca disfrutaría de la experiencia de ser padre. Yo nunca sostendría en mis brazos unos nietos frutos de él, nunca diría de su primogénito lo que mi padre había dicho de los míos que cuando el hijo de uno tiene un hijo, la vida continúa. No estaba seguro de si estallar o implosionar por el destrozo de esos sueños.

Me aferré fuertemente a Alex. Si pudiera amalgamarnos físicamente a los dos, no perdería a esta persona que era parte tan integral de mí. Estoy convencido de que el vínculo entre padre e hijo no puede romperse sin el destrozo de los espíritus, sin el sangrado interno. La ira ante la injusticia se inflamó de nuevo. La idea de dejarlo ir era enloquecedora. No estaba más listo para soltar a mi hijo a los veintidós años que cuando él luchaba por su vida en sus primeras cinco horas. En ese entonces Dios nos lo había devuelto. Si tan solo una vez más; sería tan fácil para él repetir el milagro. Pero sabía que el milagro no vendría esta vez.

Alex era demasiado pequeño para comprender nuestra celebración cuando nació y no estaba allí para ver lo imposible que era para mí despedirme cuando murió. Nunca estuve de acuerdo con decirle adiós, especialmente de esta manera y no antes de mi propio turno. Pensé que debían haberme consultado acerca de este suceso principal en la vida de mi hijo.

Por la forma en que mis pensamientos se agolpaban, estoy seguro de que pasaron meros segundos antes de que otro mensaje los borrara. Este quinto fue tan fuerte que sentí como si Dios mismo me susurrara al oído las palabras. Aunque todavía no he oído su voz físicamente, mi espíritu claramente la oyó.

Siento tu dolor, Alex, porque yo también perdí a mi Hijo.

Las miles de lecciones de escuela dominical, sermones eclesiales, celebraciones de Pascua de resurrección, reuniones de estudio bíblico, funerales, oraciones y cosas por el estilo no me dieron la claridad que me dio la frase que él me habló.

Mi cuerpo se calmó. La paz flotó y descendió conforme los pedazos jironados de mi espíritu volvían a juntarse en la presencia del Todopoderoso y una nueva revelación empezó a formarse.

Él me ofrecía el confort de nuestra conexión mutua como padres. Siempre fui escéptico en cuanto que Dios verdaderamente hubiera perdido a su Hijo. Él sabía que iba a resucitarlo después de apenas tres días en la tumba, en tanto que yo no podía traer de regreso a Alex. Pero mediante esta visión me di cuenta de que Dios en realidad amó a su Hijo. Y después de la breve pero significativa vida de su Hijo, lo perdió de manera cruel y sintió que el corazón se le partía debido a esa pérdida.

Eso me afectó, pero todavía no tenía en claro cómo procesar el que Dios compartiera conmigo lo más hondo de su corazón. Siempre lo había concebido como distante y ausente; fue Jesús quien se acercó y nos tocó aquí en la tierra.

Este mensaje me hizo consciente de lo que Dios debe haber atravesado, no desde el punto de vista de la historia del cristianismo o de una lección bíblica, sino como padre involucrado emocionalmente. Nunca había captado que Dios sintió la pérdida trágica de su Hijo; después de todo, él tenía control de todo y podía haber prevenido la muerte de Jesús.

Es verdad que Jesús sabía cuál era su propósito en la tierra. Juan 6.38 muestra que se había sometido al plan de su Padre: «Porque he bajado del cielo no para hacer mi voluntad sino la del que me envió». Incluso hablaba de su cercana muerte, mostrando que estaba de acuerdo con ese plan (Mateo 16.21).

Sin embargo, el conocimiento y la deidad de Jesús no disiparon el dolor de la muerte y la separación de su Padre. En su característica más humana en la cruz, el Hijo clamó, en esencia:

«Papá, ¿dónde te fuiste? ¿Por qué me dejaste?» (Mateo 27.46, parafraseado).

Siempre había visto ese versículo desde la perspectiva de Jesús porque el pasaje no nos da muchos detalles desde el punto de vista de su Padre. Aunque yo sabía que Dios no podía coexistir con el mal que Jesús llevó por nosotros en la cruz (Habacuc 1.13), no podía concebir el darle la espalda a mi hijo. Jamás.

Pero la santidad de Dios que rechazó el pecado que Jesús llevó no opacó el dolor del Padre. En efecto, el haber abandonado a su Hijo habría incrementado su propia agonía. A fin de salvarnos, Dios tuvo que tomar la espantosa decisión de contenerse en lugar de rescatar a su Hijo. Él tuvo que permitir los juicios, los actos deshumanizantes de las espinas, los escupitajos y los insultos, la libertad de un asesino conocido en lugar de la de su Hijo, la flagelación y los golpes, la perforación por los clavos y las horas de lenta asfixia hasta la muerte.

Como padre igualmente, no puedo ni imaginarme cómo persistió en su firmeza hasta el extremo en que lo hizo. Si yo hubiera estado con Alex en su noche final en la tierra, nada me hubiera hecho contenerme y verlo abrumado. Vi con una nueva percepción la profundidad del vínculo Padre-Hijo.

Puedo traer a la memoria recuerdos innumerables de las más de dos décadas que Alex y yo compartimos. Pero por poderosos que sean los vínculos con mis hijos, sé que ni así tienen la magnitud de la relación entre Dios y su Hijo, historia antigua y santa, sagrada y libre de toda limitación humana. Su conexión iba mucho más allá de los vínculos humanos.

De repente supe que un corazón del tamaño de Dios palpita con un dolor del mismo tamaño. Por más que su Hijo entendiera el plan, el corazón del Padre debe haberse partido.

Cuando Cristo colgaba flagelado sobre la cruz, me pregunto si Dios Padre recordaría su intimidad desde antes de la creación, la unidad que tenían incluso antes de que el pecado llegara para destruir a la humanidad. Ese pecado fue la primera muerte, lo que puso en marcha nuestra necesidad de que Dios sacrificara a su Hijo. Ellos siempre supieron que así sucedería.

Pero cuando llegó el día de la cruz, me pregunto qué pensamientos llenaban la mente del Padre. Tal vez recordó a su muchacho como un diminuto recién nacido en el establo de Belén, o la mano del pequeño Jesús sosteniendo por primera vez el martillo de carpintero, o el Jesús de doce años captando la atención del público en el templo. Me pregunto cuáles fueron sus pensamientos mientras Jesús recorría el largo camino al Gólgota, cuando su primogénito de la creación tropezó bajo la carga de madera.

¿Miró él a la madre de Jesús y se preguntó cómo sobreviviría a tal pérdida? ¿Anheló él acercar a los hermanos de Jesús para calmarlos?

Y en todo aquello, ¿quién consoló a Dios? ¿Acaso los dos miembros restantes de la Santa Trinidad se ofrecieron solaz el uno al otro? ¿Acaso el Espíritu ministró al Padre diciendo: *Recuerda, todavía no hemos terminado*? Seguro que no era necesario ningún recordatorio. Pero aun consciente de que él volvería a traer a Jesús a la vida al tercer día, eso no invalidaba el tormento.

¿Quién puede decir que la oscuridad y los truenos en la muerte de Jesús no fueron la tristeza de Dios resonando por el universo y la ruptura del velo del templo el rompimiento de su corazón? Nos dio libertad de la muerte, pero al sumo costo de su propio Hijo y de sí mismo.

Si alguna vez dudara del anhelo de Dios como Padre, puedo volver a mirar las Escrituras para ver cómo se sentía en cuanto a su muchacho. Cuando Juan el Bautista bautizó a Jesús, el Padre abrió los cielos, y Jesús «vio al Espíritu de Dios bajar como una paloma y posarse sobre él. Y una voz del cielo decía: «Éste es mi Hijo amado; estoy muy complacido con él» (Mateo 3.16–17). Esa es la voz de un Papá orgulloso comunicando sus sentimientos a su Hijo.

Dios estuvo tan lleno de amor y orgullo que habló para que todos lo oyeran y derramó paz sobre su Hijo. Hizo saber a Jesús que estaba con él, y el Hijo pudo estar seguro de la bendición de su Papá. Cualquier hijo que oye a su padre hablar públicamente acerca de él o ella a ese nivel recordará siempre la experiencia.

Las veces que la Biblia registra que Dios habló audiblemente son pocas, una que otra; en su mayoría en tiempos del Antiguo Testamento, cientos de años antes de la cruz, y todas reservadas para sus mensajes más importantes. Mientras su Hijo se preparaba para iniciar su ministerio y cumplir su propósito en la tierra, su Padre rebosaba de deleite. Cuán bien conozco esas emociones paternales.

Entonces vino la muerte de Jesús y su separación de una vez en la eternidad. No podemos captar todo lo que eso les costó.

Y luego, dos mil años después en un día inesperado de mi vida, el Dios de la eternidad vino a mí, de Padre a padre, y derramó sobre mí la misma paz. En mi mayor devastación, Dios pronunció su consuelo casi tan audible como podía haberlo sido. Sabía el alcance de esos momentos en mi vida y en la historia de mi propia familia; este suceso tan perturbador que marcaría una línea entre todo lo que había venido antes y todo lo que vendría después.

Él sintió el dolor de la muerte de mi hijo tal como sintió aflicción por la del suyo y también sintió mi dolor de corazón. Aun cuando Alex sabía que yo lo quería, no pude estar allí en su hora más negra. Nuestro Padre celestial entendía que yo estaba aguantando más de lo que cualquiera podría. Y decidió contenerse. Inimaginable.

Este mensaje fue la prueba decisiva para mí. Después de asistir a la iglesia todos los domingos por sesenta y un años y oír el relato de la crucifixión un millón de veces, finalmente lo entendí.

En ese momento Dios Padre, humildemente, me estaba diciendo: *Lo sé, Al. Duele mucho.* Junto con el soplo santo de su majestad, sentí su amistad, una afinidad como padres que nunca había experimentado. Sentí su bondad, también, y quedé impresionado con la verdad de que Dios es un individuo demasiado amable como para no abrir el camino para que nos reunamos con los que amamos aquí en la tierra. Eso puede parecer como si estuviera humanizando al Dios Todopoderoso, pero él se me acercó para identificarse con los sentimientos que había creado a imagen de la suya. Él hizo humano su corazón a fin de que yo pudiera entenderle más, como su hijo y como padre.

El legado de padre a hijo es vital para nuestra integridad como hombres, supongo que puede ser algo que igualmente doblegue nuestros egos. Mi relación con mi propio papá había sido firme. Pero como hombres, nos aterra la idea de no dejar una marca digna, de ser menos hombres que nuestros antecesores.

Alex habría sido la cuarta generación que se graduara de Illinois. Si mi pensamiento es correcto, otro retraso en la graduación y su impacto en su empleo futuro con su tío puede haberle parecido un fracaso. Vivir acosado por la atmósfera del éxito por todo un plantel como la Universidad de Illinois puede destrozar el espíritu del estudiante más pujante. Cuando el logro toma un escenario tan central, la vida equilibrada y el enfoque espiritual a menudo pagan un alto costo.

Tal vez la depresión de Alex le golpeó duro cuando sus preguntas en cuanto a su futuro se precipitaron a un nivel alto inusual, y a él le pareció que todo se hundía.

Mi corazón sufre al pensar en todo eso.

Este mensaje de Dios Padre me hizo saber que siempre estamos en su corazón igualmente, así como Jesús lo estuvo ese día hace mucho tiempo. Aunque el Padre no pudo mirar a su Hijo en la cruz, su propio corazón no fue indiferente a la tortura de su Hijo. Al contener su poder para librar a Jesús a fin de que pudiera dar vida eterna a mis hijos y a mí, Jesús con todo estaba en su corazón.

Dar por sentado que eso no le dolió más que cualquier herida humana sería faltarle el respeto a la enormidad de su pérdida. Él no se resguardó a sí mismo de los horrores del mundo espiritual que solo él conoce, ni las perversidades del infierno que él oculta de nuestra vista. Aun cuando hay gente que enfrenta injusticias indecibles en la tierra, él nos protege de las vastamente peores. Y, sin embargo, su Hijo y su propio corazón Todopoderoso quedaron sin protección del enemigo. Concedido, la furia del infierno no lo amenazaba, pero su Hijo soportó la plenitud del mal.

Dios Padre sufrió. Aunque no puedo imaginarme un dolor más grande que el mío por la muerte de Alex, Dios sufre incluso más que nuestros corazones partidos, porque su corazón es profundamente más grande que el nuestro. Esa fue su realidad aquel terrible día.

Conforme Dios ordenaba mis pensamientos, con todo yo hubiera dado mi brazo derecho por ver que Alex se despertara. Yo hubiera cambiado de lugar con él en un instante. No estoy seguro cuándo dejé de rogar eso mientras anhelaba que la policía demorara su llegada.

Tengo que vivir con la disonancia que produjo el esfuerzo por mezclar las emociones encontradas de saber que Alex ya es ajeno al dolor y, sin embargo, sintiendo que se me ha privado de pasar décadas con él.

Parte de mí, por supuesto, todavía quiere tener a Alex de regreso. El tiempo no ha reducido el anhelo ni una pizca. Pero él está mejor en donde está. Yo nunca hubiera querido que dejara la tierra como lo hizo, pero ahora está con Dios su Padre, y no sería mejor para él volver acá.

No puedo verlo todo con la visión de Dios, pero tengo que confiar en su corazón como Padre y descansar en su consuelo. Ya no puedo abrazar a Alex aquí en la tierra, pero soy reconfortado más allá de esta vida. Cuando el dolor me consume, el Padre me fortalece con la verdad de que tiene a Alex más cerca que nunca.

Todavía me pregunto cómo pude haber entendido algo de esto tan claramente al momento. Tiene que haber sido Dios. Esa percepción no me curó de la aflicción, pero me ha dado un cuadro nuevo y permanente de Dios nuestro Padre, que también es nuestro amigo benevolente. Él me recordó que otros todavía me necesitan en la tierra. Todavía soy responsable de mis otros dos hijos y mi mamá, por lo que tengo que seguir avanzando.

No recuerdo si el apretón que le di a Alex se aflojó en ese punto, pero sé que el de nuestro Padre no se aflojó. Confío en que él continuará viendo mi aflicción de Padre a padre. Confío que él dice: *Yo tengo a nuestro muchacho. Él está aquí conmigo. Todo está bien y se verán de nuevo.* Y a pesar del dolor, le agradezco por decirme la verdad.

Capítulo siete

Al otro lado del puente

*Hacia ti dirijo la mirada, hacia ti, cuyo trono está
en el cielo. [...] así dirigimos la mirada al* Señor
nuestro Dios, hasta que nos muestre compasión.

Salmos 123.1–2

*C*uando Alex tenía tres años fue el niño que llevó los anillos en la boda de su padrino, el tío Chip. Tomó su tarea tan seriamente como puede hacerlo un preescolar.

El local fue el elegante lugar de veraneo Broadmoor en Colorado Springs. Todos estaban vestidos de etiqueta, y Alex parecía pequeño, trigueño y tan guapo en su esmoquin. El cortejo nupcial se reunió en la parte superior de la grandiosa escalinata de caoba que descendía en curva al piso principal en donde la ceremonia se efectuaría. Cuando resonaron los primeros acordes del órgano para la marcha nupcial, el pequeño Alex encabezó el desfile bajando las gradas e hizo lo que debía hacer para cumplir con su trabajo. Concentrándose a fin de no tropezar, contaba cuidadosamente: «¡Pap, pap, pap!». Con cada paso. Casi se roba la función de la encantadora novia, su nueva tía Suzanne. Casi. Mi nervioso hermano menor, el novio, dijo después que Alex lo salvó al acaparar la atención y hacerle reír.

Más tarde durante la recepción, di mi discurso como padrino y pedí que los invitados hicieran un brindis por la nueva pareja. Como si fuera una señal, Alex prorrumpió: «Mami, ¡tengo que hacer pipí!». Olvídese del decoro y de cualquier seriedad que quedara en el salón. Alex fue un clásico en ese día importante.

Hace poco tropecé de nuevo con las fotos de esa boda, junto con otros retratos de otras reuniones familiares. Compilar este libro me ha llevado de regreso incontables veces por el callejón de los recuerdos. A estas alturas debería conocer ese camino perfectamente, de modo que cada kilómetro me sea tan familiar como las caras de mis hijos.

No son solo las fotografías las que me hacen reflexionar. Oigo por la radio la Banda de Dave Matthews y siento que una sonrisa agridulce me aflora a la cara. Era una de las favoritas de Alex.

Veo *Gladiador* y sé que el dolor más penetrante de Máximo no procedía de la pérdida de su libertad ni de las agonías en la arena romana, sino de la separación de su familia, el horror de sus muertes y el no poder salvarlos. Oigo mi renglón favorito y se me recuerda que volveré a ver a Alex, pero "no todavía. No todavía».

También me pasa con *Campo de sueños*, una película de padre e hijo, si acaso hubo alguna. Oigo el renglón: «¿Hay un cielo?» y la respuesta «Sí, es donde los sueños se cumplen», y espero que sea así.[2]

El simple hecho de encender la televisión puede motivar una risa porque me recuerda la ocasión cuando pillé a un muy pequeño Alex viendo algo que para su edad tal vez era demasiado. Era a la hora de la cena, una noche, y Mindy ya tenía a los menores en sus sillas altas. Como Alex no vino cuando ella lo llamó, fui a buscarlo. Al acercarme a la sala, le oí decir: «¡Ah, nena!». Lo dijo de nuevo: «¡Ah, nena!», cuando yo llegaba a la habitación y vi unas mujeres en trajes diminutos danzando en la pantalla del televisor.

Me apresuré para apagar el aparato antes de recoger a Alex y volver con él a la cocina. No me quedé tiempo suficiente como para ver cuál programa era. No teníamos ningún canal de películas con niños pequeños en la casa, así que probablemente era algún musical bastante inocente con Bing Crosby, Frank Sinatra o Tony Curtis. Con todo, yo no era ningún tonto, así que no le dije a Mindy nada por temor a su retaliación (¡contra mí!). A la larga mi bocaza me ganó, y pronto Alex se convirtió en leyenda por ese episodio también.

Como familia vivimos juntos incontables momentos decisivos que nos dieron una sensación de unión, de tener un lugar en donde anidarnos. Marcamos nuestras vidas con esos detalles, hitos en el tiempo que nos conectan. «Recuerdas cuando...» se vuelve un ancla que nos asegura que no estamos solos, que atesoramos a otros como también ellos a nosotros.

Dios, que en sí mismo es comunidad de Padre, Hijo y Espíritu Santo, nos crió a su imagen para que vivamos juntos unos con otros.

Amamos; discutimos; celebramos. Nos apegamos y nos afligimos por el desapego. Y todos esos sucesos los marcamos con el tiempo, entidad elusiva que nos impulsa y nos mantiene esclavos hasta cierto grado.

Pero no fuimos creados para vivir dentro del ámbito limitado del tiempo. Dios nos hizo para siempre. Sin embargo, debido a que vivimos en esta burbuja terrosa que es el mundo, es fácil seguir como si la vida empezara y terminara aquí. Considerando que la mayoría de nosotros jamás ha experimentado nada más allá de los pocos miles de metros de atmósfera que un jet comercial puede alcanzar, no es ninguna sorpresa que tantos luchen para confiar en el más allá.

Cuando a mi padre le diagnósticaron leiomiosarcoma en enero de 1992, supimos que eso marcaba el principio del fin de su tiempo con nosotros, excluyendo una cura milagrosa. Me enfadé con los médicos que nos aconsejaron que le ayudáramos a poner sus asuntos en orden en las próximas seis semanas, diciéndoles en términos inequívocos que ellos no conocían a mi papá. Mis muchachos tenían seis, cuatro y tres años entonces, y todos queríamos que crecieran conociéndolo. Él tenía tanto que enseñar. Criarse dentro de su influencia era un don inmensurable que quería para ellos y, francamente, no estaba listo para desapegarme de todo ello.

Él se fijó como meta ver a Alex graduarse de la secundaria y casi lo logra. Después de batallar con la enfermedad por doce años, mediante numerosas cirugías que lo mantenían avanzando pero que gradualmente redujeron su capacidad pulmonar, su cuerpo al fin se hastió. Falleció en abril de 2004, pocas semanas antes de la graduación de Alex. Los chicos tenían entonces dieciocho, dieciséis y quince años, así que estoy muy agradecido porque llegaron a conocer a su abuelo.

Entre la vida y la muerte ocurren los recuerdos; estos límites caracterizan la vida aquí.

En un receso de Navidad nuestra familia se escapó del invierno de Illinois y viajamos a Naples, Florida, con un par de amigos de los chiquillos. Mis padres se enamoraron de la región hace mucho tiempo, mi madre inverna allí cada año, y nosotros hemos estado allí cada año desde que los muchachos eran pequeños. Con apenas unos pasos podíamos sacar de su muelle nuestro bote de pesca o recorrer el corto sendero a la playa.

Siempre habíamos llevado con nosotros a algunos amigos de los muchachos a Walker y a Naples, por lo que nos sentíamos dichosos de poder embarcarnos en el jet corporativo de Montgomery y compartir esos viajes con otros chiquillos, algunos de los cuales nunca habían estado en el sur ni ido a pescar. Mi padre disfrutó especialmente la actividad de los jóvenes mientras libraba su batalla con el cáncer.

Durante esa visita particular de Navidad, los chiquillos quisieron volar en paracaídas, así que una tarde nos turnamos para volar por encima de las olas. Observé cómo los muchachos subían en parejas, con sus dedos de los pies levantados de la cubierta del bote para ascender al cielo.

Cualquiera que ha volado en paracaídas conoce el silencio del vuelo. Excepto por el ocasional movimiento del equipo de metal o de nylon y el suave tirón del viento, el aire allá arriba es quieto, ininterrumpido. Vi a mis hijos experimentar una especie de liberación del antagonismo de la tierra. Es una libertad diferente de la que se puede hallar en la tierra, enervante, una manera de sentirse abandonado por la tierra firme. Pero es emocionante desprenderse del agarre de la tierra aunque sea por un breve rato.

Sin embargo, por liberador que puede ser el volar en paracaídas, los muchachos todavía estaban apegados de alguna forma al aquí y al ahora.

En un ámbito más amplio, por ahora estamos limitados por la gravedad, el tiempo, la edad, el pecado, las decisiones de otros y los efectos de la historia. Y aunque todavía tenemos muchas preguntas en cuanto al aquí y al ahora, es familiar. Nunca hemos experimentado ninguna otra cosa. No hallamos confort en lo que parece foráneo o distante.

Mis experiencias con Alex después de que su alma lo dejó cerraron la brecha entre la vida presente y la venidera. Se me había enseñado a creer en una próxima vida gloriosa; incluso había orado por más fe. Pero mi mente de ingeniero tenía preguntas que habían quedado sin contestación.

Dios me familiarizó con su mundo sin tiempo y me trajo consuelo con eso. Me mostró en el sexto mensaje que él habita este mundo con el que estamos familiarizados tanto como aquel que nos aturde y a veces nos aterra. La gente puede negarlo, evitar pensar en ese mundo, intentar huir de él, o incluso maldecirlo. Pero algún día cada uno de nosotros lo enfrentará. Mientras tanto, Dios emplea métodos únicos para ayudarnos a abrazarlo. Y anhela que aprendamos a que nos dejemos abrazar por *ese mundo*. Me sentí abrazado por ese mundo ese día.

Sin advertencia, sentí como si Alex y yo fuéramos levantados por encima de la desoladora escena. Flotamos a un puente colgante que cubría la distancia de la tierra al cielo, parecido a un puente de cuerdas en la selva en las películas.

Yo todavía abrazaba a Alex, y estábamos mirando hacia abajo a nuestros cuerpos terrenales en su sala. Como con los demás mensajes, fluyeron sentimientos de confort y compañerismo.

Sentí como si estuviéramos rodeados por Dios y Jesús, y hasta por el Espíritu Santo, que me ayudaban a recorrer ese día. Me brindaron su fuerza y, aunque no tanto me dieron paz mental, una sensación de tranquilidad y calma.

Las imágenes cambiaron muy rápido y al siguiente instante percibí que Alex se reunía con su abuela Barb, madre de Mindy, por primera vez. Barb había muerto catorce meses antes de que Alex naciera, después que librara una batalla valiente de cinco años contra el cáncer. El cáncer parecía haber ganado, pero yo supe por esta visión que en última instancia alguien más ganó en su vida. Sentir que Alex se conectaba con esa maravillosa mujer parecida a Carol Channing me llevó muy cerca al gozo como puedo describir para ese momento. El momento resplandeció.

Mi papá y el de Mindy vinieron luego, seguidos por el «feliz tío Josh» de Alex, hermano de Mindy que murió de diabetes tipo 2, dos semanas antes de cumplir trece años, cuando Alex tenía apenas tres. Alex siempre había insistido en que recordaba a Josh, pero Mindy y yo habíamos tenido nuestras dudas. Quién puede decir, sin embargo, todo lo que Dios puede plantar en nosotros como recuerdos vitalicios. Con certeza estaba sobrepasando todo lo que yo daba por sentado en cuanto a él.

Después de eso también percibí que Alex saludaba a los abuelos de Mindy y a los míos, y a veintenas de personas de la historia que él estudió en la escuela.

Años de preguntas no contestadas se reunieron en esos segundos. Aunque yo no vi en alta definición que Alex se reuniera con Barb, Josh y los otros, entendí de modo inequívoco todo eso en el puente con Alex y la Deidad. Fue suficiente para solidificar mi confianza de que esa reunión estaba sucediendo en ese mismo momento. También sé que mi muchacho estaba feliz y libre de dolor, exhibiendo una sonrisa como la de *La leyenda del indomable*.

El que se me permitiera volver a visitar a otros seres queridos que echaba de menos fue balsámico. Dios podía haber detenido los mensajes solo después de uno, o dos o incluso cinco, pero los mantuvo viniendo para incluir este. Él me hizo saber que Alex estaba completo en la presencia del Señor, y que estaba participando de la eternidad junto con otros que habíamos amado. Pensé de nuevo qué buen individuo es Dios al unir los mundos. Él intercambió mi comprensión de una vida temporal, terrenal, por una visión de lo eterno.

En él no hay cosa tal como un adiós. Esa es una promesa a la que me aferro cada minuto. No hay adioses en Jesús. La muerte no tiene que ser permanente. Volveré a ver a Alex y a los demás, aunque «no todavía. No todavía».

¿Quiénes somos los humanos para dar por sentado que nuestras limitadas experiencias encapsulan todo lo que es real? Los científicos, que entre los que dudan de Dios son los más influyentes, han aducido por años que usamos apenas una fracción de nuestro cerebro. Considerando la conexión entre la mente, el cuerpo y el alma, se podría argumentar que Adán y Eva usaron mucho más de lo que Dios edificó en ellos antes de que el pecado mutilara todo en la tierra. ¿Quién puede decir cuán íntimamente se comunicaba su Padre celestial con ellos antes de que la iniquidad creara el gran abismo? Un abismo que Jesús cruzó al convertirse en el puente; el puente en el que yo estaba con mi primogénito.

Y considérese el universo. Los astrónomos saben que apenas hemos empezado a explorar su inmensidad. No podemos verlo todo. Pero en el lugar de reunión con Dios hallamos asilo en lo desconocido.

No puedo entender todo lo que Dios es o por qué obra como lo hace. No puedo captar una existencia libre del tiempo, ni tampoco puedo entender la eternidad previa a mí ni la por venir. Pero sí sé que él no está limitado por el tiempo o el espacio. Él maneja las inmensidades que yo no puedo.

En tanto que él no está limitado a las restricciones del tiempo, tampoco es ajeno a su creación que lo está. Pienso que él sonríe por nuestras alegrías tanto como nos sostiene durante las temporadas de lágrimas. Nos ministra cuando estamos a la expectativa, esperando reunirnos con nuestros seres queridos que han marchado adelante y, sin embargo, todavía aferrándonos a los que amamos aquí y a las responsabilidades que él nos da hasta que sea nuestro tiempo de irnos.

Todavía tengo una pila de tarjetas de condolencia que envejecerán con el paso de los años, aunque la bondad de los que las enviaron es eterna. No sé el origen del poema que sigue, pero vino escrito en una tarjeta:

El barquito

Me quedé contemplando mientras el barquito zarpaba al mar. El sol poniente tiñó con luz dorada sus velas blancas. Conforme desaparecía de la vista una voz a mi lado susurró: «Se ha ido».

Pero el mar era estrecho. En la playa distante un grupito de amigos se había reunido para observar y esperar con expectativa feliz. De repente captaron la vista de la diminuta vela y, en el mismo momento cuando mi compañero había susurrado: «Se ha ido», un grito alegre surgió en bienvenida gozosa: «¡Aquí viene!».

Aferrándome a Alex en el puente, no quería soltar el tiempo, pero también me daba cuenta de que podía vivir con su ausencia temporal debido a la eternidad. En realidad no lo había perdido, pero tengo que echarlo de menos un rato más.

Dios en su gracia nos ofrece salvación a través de su Hijo. Pero para favorecernos con esperanza, alegría y una eternidad junto a nuestros seres queridos nos muestra su enorme bondad. No tenemos que decir adiós ni afligirnos por un cierre final. Todavía nos afligimos profundamente, pero el alivio de que no tiene que ser final nos apuntala para vivir en el puente.

Cuando enfoco la eternidad con el Señor, mi estado mental puede ser transformado. No soy el primero en oírle tan claramente, pero mi experiencia es sacra entre Dios y yo. Esta vida que vivo entre dos mundos no es fácil. Todavía marco momentos e hitos, y sonrío por los recuerdos de cuando Alex estaba aquí conmigo.

Y agradezco al Anciano de Días y a su Hijo por el puente.

Capítulo ocho

Razón para la esperanza

¡Este Dios es nuestro Dios eterno! ¡Él nos
guiará para siempre!

SALMOS 48.14

*L*os recuerdos pueden ser un bálsamo o traicionarnos. Nos encantan los gratos, pero los dolorosos pueden lisiarnos. Tal vez una razón por la que el Señor me encontró de maneras que confirman la vida tras la muerte de Alex fue para que cuando las preguntas se negaran a aplacarse y mi paz se trastornara de nuevo, recuerde cómo susurró él a mi alma.

Recuerda, Al. Recuerda lo que te mostré.

La noche antes de que se cumplieran seis meses de la muerte de Alex, lo recordé. Esa noche soñé y, aunque no puedo recordar los detalles, sigue vívido años después.

Soñé que Alex y yo estábamos en la habitación de un hotel como invitados de su mejor amigo la noche antes de la boda de este. Alex iba a ser el padrino.

Recuerdo que me sentí aliviado porque Alex estuviera vivo y conmigo —con su jovialidad natural—, aunque evocando también que algo no parecía estar exactamente bien. La preocupación gradualmente se apoderó de mi alivio, al punto en que insistí en acostarme con él en la cama doble para no perderlo de vista.

Él refunfuñó: «Vamos, papá. Ya no tengo cinco años. Simplemente cálmate, ¿te parece, bien, Al?». Exhibió su sonrisa característica, como siempre lo hacía cuando me llamaba por mi nombre de pila.

Mi preocupación en cuanto a su partida, o que en realidad no estuviera allí, fue aplacada momentáneamente por la expectativa de los acontecimientos del día siguiente, estando con nuestros amigos y familia, una maravillosa sensación de que todo estaba bien de nuevo. Por un momento me sentí completo.

Salté de la cama para tomar un poco de agua en el baño y le pregunté a Alex si quería un poco.

«No, estoy bien, papá. Ahora voy a dormir. Tenemos un gran día mañana». Observé que estiraba las frazadas sobre sus hombros y luego se volteaba sobre su costado; parecía muy cómodo.

El agua fría estaba sabrosa, así que apagué la luz del baño. Volví a la cama pero me detuve en seco.

Alex se había ido.

Entonces desperté. Alicaído, sentí como si me hubieran sacado el corazón del pecho. Estaba despierto y de regreso a la realidad.

Mi consejera me dice que procesamos la aflicción en diversas maneras, por lo que supongo que esa era la forma en que la mía se mostraba. Tal vez la necesidad humana de seguir esperando se estaba manifestando. El sueño me calmó mientras mi subconsciente sentía a mi hijo vivo, bien, feliz y conmigo.

El sueño me llevó de vuelta a la seguridad que Dios me había dado el día de la muerte de Alex y me dio un consuelo similar.

Junto con los seis previos, recordé este séptimo mensaje. Ese fue probablemente el más tranquilizador día de octubre, porque mediante él Dios me hizo recordar que Alex era suyo.

Ver a Alex en el puente entre esta vida y la venidera, con los seres queridos que le recibían con sus brazos abiertos al otro lado, me dio cierto consuelo, por supuesto. Pero estoy agradecido porque Dios no se detuvo allí.

Cada visión había sido un bloque de construcción, empezando con la imagen de Alex y papá en el bote en Minnesota. Con este nuevo mensaje él confirmó que Jesús había asegurado la salvación para mi muchacho cuando Alex le escogió en su adolescencia.

Ese recordatorio es clave para saber que no estaba inventándome esos mensajes. Un poder mucho mayor estaba nutriendo esas semillas de esperanza en el desierto de la aflicción. Ese fue el golpe de gracia que detuvo la locura de modo que Dios pudiera darme una verdadera paz.

Paz, una paz real me llenó entonces. Recuerdo que le dije a Dios: «¿Está bien eso?».

Sí, ni lo dudes. ¿Recuerdas?

Durante su adolescencia mis muchachos participaron en el ministerio Young Life [Vida joven], una organización paraeclesiástica que se reúne semanalmente bajo la dirección de líderes juveniles regionales. Adolescentes de toda el área, de cualquier barrio, pueden reunirse para recibir enseñanza cristiana, llena de fe, y para socializar con sus compañeros. Los líderes hacen que aprendan acerca de Jesús, y lo que él significa para ellos, en forma divertida. Alex, Bryan y Jimmy participaron en el grupo de Young Life del área de Moline, dirigida por más de cuarenta años por mis amigos Jeff y Sue Tunberg.

Mindy y yo a menudo nos preocupábamos por nuestro primogénito, no por algo que hubiera hecho o pudiera hacer, sino porque éramos padres nerviosos, aprendices, haciendo lo mejor que sabíamos. Es cierto que llevábamos a los tres muchachos a la escuela dominical y a la iglesia con regularidad, pero fue a través de Young Life que Alex hizo realmente su consagración a Cristo. El cimiento temprano de Alex en la iglesia se desarrolló en su propia fe durante esa temporada, por lo que decidió creer en Jesús como Salvador un verano en un campamento de Young Life.

Vi su deseo de una relación personal con el Señor. Su fe se mostraba en su atención a las personas y su meta de hacer del mundo un lugar mejor. Esas actitudes no nacieron simplemente porque se le enseñó a servir. Brotaban de un corazón que había sido tocado por la gracia que salva, un corazón que había admitido sus fallas y su necesidad de redención.

Jim y Jani Piercy a veces llevaban consigo a Alex y a otros estudiantes a la iglesia los domingos durante la universidad, y luego a una cena especial. Esos retornos de cuatro horas a la normalidad le ofrecían cierta base mientras estaba lejos de casa durante esos años.

La fe de Alex fue reforzada al verla en acción, observando cómo los Piercy se interesaban por él y otros universitarios invitándolos a la iglesia. Alex también vio que los Piercy eran los líderes principales de la fraternidad de estudios bíblicos en la comunidad.

Más de una vez en su juventud, Alex visitó al tío Chip y a su familia en su hogar de los suburbios de Chicago. Alex vio cómo Jim llevaba a sus chiquillos a viajes misioneros e incorporaba la fe a la vida cotidiana. Los hijos de Jim son menores que los míos y, como pequeños, absolutamente adoraban a mis hijos.

Jim contiene la risa al recordar las ocasiones en que ocurría lo contrario y tenía que quedarse con nuestra familia cuando Alex tenía dos o tres años. Alex insistía en que tío Chip durmiera en la otra cama de su dormitorio y no en el de los invitados.

«Métete en las sábanas de lagartos», insistía.

Faltando todavía un par de horas para irse a la cama, Jim le seguía la corriente y fingía quedarse dormido; lo que no era fácil con Alex, que le clavaba ojo de águila para asegurarse de que no se fuera.

Cuando Alex tenía trece o catorce años, Jim le entregó las llaves del coche una noche en Naples para ir a comprar helados.

—¿Y esto? —Alex parecía perplejo.

—Tú conduces.

—¡No tengo ni idea de cómo conducir, tío Chip!

Pero lo hizo bien y recibió un estímulo por la aventura.

Otra vez cuando Alex estaba en Walker con ellos, Jim le envió a que pescara la cena de esa noche. Algo sorprendido inicialmente, Alex trabajó todo el día y regresó a casa sintiéndose muy bien por la sarta de pescados que trajo consigo.

Jim esperaba invitar a Alex a que fuese parte de su grupo varonil de estudios bíblicos cuando este se mudó al área después de la graduación; además, Alex había mostrado interés en ir con su familia en futuros viajes misioneros.

«Tenía mucho a su favor», decía Jim. «Era una luz brillante. Era divertido, todo un bromista. Pero Illinois es una universidad secular y, como yo también tuve que hacerlo, Alex tenía que poner en práctica su fe en ese laberinto».

Como el resto de nosotros, Alex no encajaba en una definición humana de cristiano perfecto, como si lo hubiera. Pero su corazón y su alma pertenecían a Jesús. Yo no estaba cerca para vigilar cada movimiento suyo, pero conocía su carácter y su corazón, el cual era sólido.

Me gustaría pensar que le mostré un ejemplo de gracia que reflejaba la de Dios; espero haberlo hecho, de todas maneras. Era un gran muchacho, no tuve que estar encima de él excepto por algo como que fumaba y bebía licor ocasionalmente sin tener la edad. Las actitudes y las acciones que más le caracterizaban eran las que más importaban; las que mostraban su corazón de fe y su atención a los demás.

Espero haber hecho suficientes cosas correctas como su padre para darle un bocado de prueba del amor perdonador y aceptador del Señor. Mis propios padres nos habían dado a mis hijos y a mí ese don.

Hicimos muchos viajes con mi familia a Florida, pero otra visita que se destaca sucedió cuando los muchachos tenían como ocho, seis y cinco años. Mi papá quiso llevar solo a los tres a pescar, a pesar de mi advertencia. Papá pensó que sería tiempo de calidad con ellos. Cargaron los aparejos en el bote y había retrocedido del muelle como unos diez metros, cuando Alex ignoró la instrucción de mi papá de no lanzar el anzuelo hasta hallar un buen punto. Alex hizo volar la mosca y empezó a recobrar el sedal porque sintió algo de tensión y pensó que había pescado uno grande. Cuando papá gritó por el dolor, Alex se dio cuenta de que había pescado uno como de ochenta kilos.

Así que soltó la caña y vio la herida que empezaba a sangrar en la parte posterior de la cabeza de su abuelo. Los dos muchachos se quedaron helados por el susto, sosteniendo rectas sus cañas.

Más tarde los tres me contaron que papá no les gritó para nada sino que con toda calma cortó el sedal y les dijo que pusieran sus cañas en la parte trasera del bote. Luego puso el bote en reversa y volvió para atracar en el muelle. Papá llevó a los tres traviesos de regreso a casa y decidió, con la ayuda de mamá, que debía ir a la sala de emergencia, aunque un hospital era el último lugar al que quería ir en ese momento. En ese punto ya había pasado su tiempo luchando contra el cáncer pero estaba en un receso de la quimioterapia y la radiación, por lo que se sentía bastante bien.

Para abreviar el relato, ocho puntos de sutura después, volvió. Alex había estado llorando, no debido a que se le hubiera regañado, sino porque sabía que había lastimado a su héroe. En cuanto a mí, siempre estoy agradecido a papá por mostrar gracia y no desquitarse con mi pequeño. Él modelaba una fortaleza tranquila que parecía ser como el carácter de Jesús, que atraía a otros. En efecto, añadió otro momento instructivo unos días después, sin embargo, cuando puso en las manos de Alex las tijeras de manicure y las pinzas para sacar los puntos, ilustrando que nuestras acciones producen consecuencias. Un abuelo cariñoso mostrando los derivados de un error.

Confío en que el corazón de Alex fue bendecido por otras lecciones de fe llenas de gracia que le atrajeron a Jesús al crecer.

El que Dios me recordara la fe de Alex el día en que este murió me aseguró el bienestar de mi hijo. La promesa de Jesús en cuanto a perdonar nuestros pecados si confiamos en él para salvarnos me fortaleció, ya que sabía que Alex había hecho eso. Sin que lo acicateáramos, decidió creer en Cristo temprano en su adolescencia.

Después de que Alex murió, Sue Tunberg halló la tarjeta de respuesta que él llenó al final de una semana de campamento de Young Life. Las tarjetas ayudaban al personal a comprender en qué punto estaban los chiquillos espiritualmente y cómo podían orar por ellos. Los campistas podían escoger entre una serie de casilleros para marcar. Sue confirmó que Alex había marcado el casillero que reconocía que ya se había entregado a Cristo.

Dios promete suplir nuestras necesidades (Filipenses 4.19). Me lo demostró. Yo no sentí mucha ira o rencor hacia el Señor en esos momentos iniciales; tal vez esas etapas de aflicción simplemente no me habían golpeado. Sea cual sea el caso, pienso que me cubrió con su paz, su amor y su fortaleza, tanto como él recibía a Alex en su reposo.

La razón por la que Alex está reunido con otros seres queridos es Jesús. Es como si Dios con esta prueba estuviera dando seguimiento a la visión de Alex en el puente, como si me estuviera asegurando: Ves, Al, por eso él está conmigo aquí ahora. Y al reasegurarme respecto a la fe de mi hijo, el Salvador fortaleció la mía.

Sentí como que las piezas se juntaban. Alex y papá en el bote, luego entender que Dios sostuvo el último día de la vida de Alex así como había sostenido a todos los demás. Luego, la gratitud por haber sido padre de Alex toda su vida, la importancia de interesarnos por la gente, el corazón de Dios como Padre, y el cruce del puente al otro lado. Todos esos mensajes condujeron a la confirmación de que Alex está al otro lado debido a Jesús, el puente. Es posible que yo no me hubiera convencido de nada de eso sin el flujo lógico de una certeza a la siguiente. Reuniéndolas, Dios amplió mi visión previa de la fe. El enemigo tal vez haya ganado una batalla en la vida de Alex en octubre de 2008, pero la guerra ya había sido ganada; Alex estaba con Dios para siempre.

Estoy separado de Alex por ahora, pero él está bien. Dios sabía que él se quitaría la vida, y el corazón del Padre se duele por su dolor como también por el mío. Pero él sigue siendo Señor de la eternidad y de mi vida sujeta al tiempo en la tierra. Él cuenta mis días y me sostiene a cada momento. Recuerdo el don de ser padre de Alex y la promesa divina de estar siempre juntos para todos los que le llaman Salvador. Puedo recordar el cuidado de Dios por las personas y hacer lo mismo. Puedo recordarle más allá de mis preguntas. Esa es la divina esperanza del cielo para mí.

La esperanza de Dios del cielo. En uno de los peores días de mi vida, me la definió y se sumergió en las profundidades de mi terror para traerme de regreso a un lugar en donde pudiera respirar. Obrando junto con el don de la memoria, él me sostiene con esta esperanza. Estos mensajes son mis razones para continuar e incluso prosperar. Mi esperanza está en el cielo y sé que ella no defrauda.

Capítulo nueve

La devolución de Alex

> El SEÑOR *te cuidará en el hogar y en el*
> *camino, desde ahora y para siempre.*
>
> SALMOS 121.8

*D*espués de consolarme con siete mensajes de esperanza, el Señor con bondad me dio un octavo. Este no me gustó para nada porque es el único que yo sabía que vendría, por lo que me aterraba.

Alex todavía estaba inmóvil sobre mis rodillas mientras los mensajes se fusionaban: el estar yo en el puente con él, el gozo de la reunión con mis seres queridos, la certeza de su salvación y de su vida eterna, ver a mi padre y a mi hijo alejándose del muelle mientras se reían despreocupadamente, los recuerdos de la niñez de Alex, y la promesa de que él estaba feliz y sano en ese instante.

Jim Piercy y las autoridades estarían allí pronto. Esos momentos se acabarían para siempre. Yo estaba todavía en este mundo atrapado por el tiempo y los minutos continuaban pasando contra mi voluntad. Y entonces llegó el octavo y final mensaje del día:

Al, tienes que devolvérmelo. Es tiempo de que yo lo tome de vuelta.

¿Cuántas maneras hay para decir que no? Si me niego suficientes veces, ¿acaso Dios lo consentiría?

Sentí que mis brazos se aflojaban y que ya no podía sostener a Alex. Tal vez estaba cansado y mis músculos se estaban acalambrando. Sea como sea, estoy convencido de que Dios estaba aflojando mi agarre, la única manera en que yo le habría dejado ir.

Me horrorizaba hacer las llamadas que sabía que eran necesarias. Me aterraba hablar con la policía y verles convertir a este capullo sagrado en una investigación forense fría y técnica. Ellos no entenderían, no lo suficiente en forma alguna, que este era mi *hijo*. Esto no era cosa trillada para mí, como tal vez lo era para ellos.

Y entonces otro pasaje bíblico resonó en mis pensamientos: «Voy a prepararles un lugar» (Juan 14.2). Siempre había sido uno de mis favoritos, pero en ese momento luché contra él. Unas veces el Señor dice verdades difíciles y otras dice verdades bien recibidas en tiempos difíciles.

Miré los párpados cerrados de Alex y grabé en mi memoria cada detalle de su rostro, el que conocía tan bien. Alex, Jesús y yo de nuevo en el puente colgante. La atmósfera surreal flotó mientras estuvimos entre ese momento y la eternidad.

Alex y su Salvador. El momento de encontrar a Emanuel, Dios con nosotros, era inmediato para mi muchacho. Era tiempo de que ellos se fueran. Jesús dirigió a Alex, con su brazo sobre el hombro de este, y juntos empezaron su recorrido cruzando la distancia. Con cada paso me parecieron más pequeños, pero entendí que estaban más cerca que nunca el uno al otro. No podía oír si estaban conversando, ni podía ver sus caras, pero me imagino las promesas cumplidas de Jesús iluminando sus rostros y su camino. Los vi desaparecer de la vista.

El timbre de la puerta sonó.

Regresé al condominio en Illinois y las autoridades habían llegado, junto con Jim y su esposa —Jani— y su pastor. La policía cumplió sus obligaciones y me hizo las preguntas esperadas. Recuerdo haber murmurado cosas cuando uno de ellos preguntó por qué había bajado el cuerpo de Alex. El policía era joven. Tal vez un día tenga un hijo y entenderá lo ofensivo de ese comentario.

Examinaron el cuerpo de Alex y todo el departamento. Examinaron su todoterreno estacionado al frente pero no hallaron ningún indicio que llevara a una conclusión diferente que la causa obvia de su muerte. No hallaron en él ni drogas ni licor y, en última instancia, concluyeron que era un suicidio.

A pesar de la pregunta ofensiva, las autoridades fueron respetuosas y manejaron bien la situación. Después de un rato Jim y Jani me llevaron de vuelta a su casa a fin de que la policía y yo pudiéramos hablar con más tranquilidad. Tal como no recordaba haber corrido todo el largo del complejo hasta la ventana trasera cuando primero vi a Alex, no recordaba lo de haber ido con Jim y Jani sino hasta varios años después cuando me lo mencionaron.

Después de que la policía y yo finalmente acabamos, llamé a Dwight y Donna Sivertsen, amigos de Mindy y míos, que convinieron en ir al lugar de trabajo de Mindy para estar con ella cuando yo le telefoneara las noticias. También la llevaron a Agustana para apoyarla cuando ella se lo dijera a Bryan y a Jimmy.

Estoy seguro de que muchos otros detalles del día no se me quedaron. Cuando al fin fue tiempo de ir a casa, Jim y Jani intervinieron una vez más y no me permitieron que condujera yo. Agotado, me recosté y dormí un poco en el asiento trasero del coche de Jim, mientras Jani nos seguía en el mío.

Cuando llegamos a Moline, mis parientes y mis amigos íntimos se habían reunido en la casa de mi madre y se quedaron hasta tarde para acompañarnos en el duelo y respaldarnos. Varios de esos amigos eran padres de un grupo de juego del que Mindy y los muchachos habían sido parte cuando estos eran pequeños. El choque nos sacudió a todos como padres que crecimos juntos mientras los hijos iban creciendo.

Nuestra familia inmediata se quedó por la noche, y después de que se fueron a la cama alrededor de la medianoche tuve algunos momentos libres para buscar los Salmos, hasta que hallé el versículo 16 el capítulo 139 en el que dice que Dios cuenta nuestros días antes del nacimiento. Él fue fiel haciendo que el sol saliera sobre cada uno de los 8,345 días de Alex, y lo había visto cerrar sus ojos al dormirse como muchas otras veces. Él conoció los pensamientos que le entusiasmaban y los que le hicieron caer de rodillas. Por mucho que yo todavía no entendiera, sabía que Dios fue fiel con mi hijo, y estoy aprendiendo a vivir avanzando, apoyándome en su fidelidad.

En los días que siguieron, fui a la oficina del forense para recoger los últimos efectos personales de Alex, que estaban en una bolsa de papel de supermercado engrapada. No la abrí. Planeamos el velorio y el funeral. Mindy una vez comentó cuánto quería Alex a nuestra iglesia, en la que él y sus hermanos crecieron, como crecí allí muchos años antes. La Primera Iglesia Congregacional de Moline, Illinois, es un lugar especial para nosotros, así que era apropiado que celebráramos allí su servicio fúnebre.

El velorio estuvo repleto. Cada uno de los maestros de la Escuela Primaria Logan, de Alex, desde el jardín de infantes hasta el sexto grado, vinieron para despedirse. Habían pasado años desde que fueron parte de su vida, pero cada uno de ellos hizo el esfuerzo de estar allí. Su maestro de quinto grado, el señor Fitzpatrick —Mr. F.— había sido el preferido de Alex, nunca olvidaré lo que me dijo: «Me siento como si hubiera perdido a mi futuro presidente». Los ochenta jugadores del equipo de fútbol americano de Jimmy, de Agustana, también vinieron. Se formaron en orden numérico, vestidos de gala, bien peinados, guapos, corteses, un maravilloso respaldo para Jimmy y para nosotros.

La fila en la funeraria se extendía por dos o tres manzanas, con muchas personas esperando por más de cuatro horas para pisar el edificio. Mi propio primo que estaba luchando contra cáncer del hueso estuvo en la fila por dos horas. Cada cara que vi ese domingo por la tarde y la noche estará grabada en mi mente por el resto de mi vida y la bondad de todos ellos me acompañará todos mis días. Fuimos bendecidos por cada uno de los muchos relatos acerca de cómo Alex había influido en la vida de alguien o lo había animado. Si en mi funeral tengo siquiera un quinto de la multitud que honró a Alex, sentiré que viví una vida significativa.

En el servicio fúnebre, Bryan y Jimmy hablaron de su hermano mayor con valentía y amor. Su prima Ashley y Lars, amigo de Alex, también hablaron, todavía no sé cómo lograron los cuatro mantener la compostura en esas elegías.

Todas las mil seiscientas personas que asistieron oyeron palabras consoladoras de nuestro pastor, que lo había sido por largo tiempo. Habló de la realidad del quebrantamiento y el hecho de que a veces no nos entendemos nosotros mismos. Sin embargo compartimos toda nuestra vida el uno con el otro, por lo que nuestros preciosos recuerdos nunca se nos pueden quitar. Podemos aferrarnos a la promesa de que nunca estamos solos, por ello podemos vivir abrazados con nuestra fe.

El cuerpo de Alex reposa en un cementerio junto al parque en donde todos nuestros muchachos nadaron y jugaron muchas temporadas de béisbol. Su tumba está junto a los padres de mi padre, y a unos diez metros de los abuelos de Mindy. Las dos parejas habían sido maravillosos amigos en la década de los cuarenta.

En el servicio durante el entierro, mi ministro, el doctor Mark Gehrke, presentó una visión única de la esperanza. Él entrenaba palomas, por eso soltó varias en el cementerio. Una sola voló para unirse a dos o tres más que volaban muy alto. En vez de enfocar nuestra vista hacia abajo, al ataúd que descendía a la tierra, nos mostró la esperanza de mirar hacia el cielo conforme contemplábamos a las aves reunirse en el amplio y hermoso firmamento.

En nuestra reunión en la casa de Mindy luego del funeral, una joven a quien recuerdo como Katie, de la ciudad de Kankakee, se me acercó después de que todos se habían ido. Con calma y dulcemente me contó cómo Alex había influido en ella en la secundaria de Moline. En ese tiempo ella era nueva en el colegio y parecía algo perdida cuando Alex la seleccionó en el atestado corredor. Ella ya le había distinguido a él por su risa y la multitud que le rodeaba.

Me contó lo honrada que se sintió al ver que Alex se le acercaba, según ella pensó inicialmente, para pedirle que saliera con él. Recuerdo que era rubia, menudita y hermosa. Pero al escucharla, vi algo más en su interior, algo que sospecho que Alex percibió tan bien con sus grandes dotes de persona.

Alex sencillamente le preguntó de dónde venía y por qué había empezado tan poco tiempo atrás a asistir. Ella le contó con tristeza la transferencia de trabajo de su papá. «Me preguntó en qué actividades había participado yo en Kankakee. Mencioné unas pocas cosas, incluyendo el equipo de tenis femenino.

«Basta. Ven conmigo», me dijo. Entonces me llevó a un salón en donde las jugadoras de tenis de esa secundaria estaban sentadas, antes de entrar a su próxima clase.

Alex la presentó, y Katie explicó que él exageró con su hoja de vida.

«Antes de una semana me hizo sentir como si yo hubiera crecido allí».

Sus palabras no me sorprendieron. Es más, confirmaron lo que yo siempre había observado en él. Alex en movimiento, determinando una diferencia.

Katie me contó que pasaría no solo a tener una gran experiencia en tenis en Moline, sino que también disfrutó de muchas actividades estudiantiles divertidas, incluyendo Young Life. Estaba muy contenta porque a su papá y su familia los hubieran transferido allá.

Gentil pero resueltamente concluyó: «Toda mi felicidad en la secundaria de Moline se debió a Alex. Quería que lo supiera, señor Hallene. Lamento su pérdida. Que Dios lo bendiga».

Esa conversación me hace llorar. No recuerdo el apellido de Katie, pero lo que confirmó acerca de Alex se ubica casi en la cumbre de mis recuerdos de esos días.

Mi amiga y anteriormente vecina, Mary, es madre de Alex Gloeckner, amigo de Alex que fue con nosotros a Walker en la última visita durante las vacaciones de 2008. Su Alex fue diagnosticado con epilepsia cuando tenía catorce años y como tal no podía conducir. Ella recuerda cuán a menudo mi Alex llamó para ofrecerse a llevar a su hijo a algunos lugares, ahorrándole el bochorno de que siempre lo llevara su mamá. Ella confirmó lo que tantos sabíamos: «Era el chiquillo más comedido. Recuerdo que yo pensaba que él lo entendía».

Ella también recordaba que siempre que él iba a su casa, le daba un gran abrazo y la llamaba mamá Glock. «Siempre hizo que me sintiera bien. En los días cuando mis propios chicos actuaban como adolescentes díscolos, se sentía bien tener un chiquillo vecino que viniera y me diera un abrazo».

Estoy seguro de que nadie en su funeral pudo haber predicho cómo terminaría la vida terrenal de Alex. Eso no encajaba con su personalidad ni la forma en que vivía. Era obvio que cada uno de nosotros sabíamos que se nos había separado de alguien singular y especial. Confío en que Dios continúe ministrando a cada persona que todavía llora esta vida sin Alex.

Por difícil que fue atravesarlo, y todavía lo es, pienso que el fallecimiento de Alex ha sido ligeramente más fácil para mí que para el resto de mi familia, debido al tiempo que tuve a solas con él al final. Yo no hubiera querido que nadie más lo hallara.

Sé que a Alex le gustaría animar a otros, porque era verdaderamente una persona compasiva, un individuo de acción a quien los amigos a menudo acudían en busca de consejo o consuelo. Me siento fortalecido cada día por esta fe y agradecido por haber sido padre de un joven tan cariñoso y sensible.

Uno de los dichos favoritos de Alex era: «Es tiempo de irse o no». Y un día yo me iré, estaré con Alex, con Jesús y jamás nos separaremos de nuevo.

Así que lo devolví a su Padre eterno y su Salvador, comprendiendo que en realidad nunca lo he perdido. Esta separación es temporal. Siempre me sentiré honrado por haber sido el padre terrenal de Alex, y espero ese día cuando seré reunido con mi muchachito de nuevo. Aunque no todavía.

Hasta entonces, le pido al Señor que le lleve un mensaje a mi primogénito: «Gracias, dulce príncipe, por ser mi gran hijo. Te quiero incluso más que el día en que naciste».

Capítulo diez

*Esperanza más allá
de la depresión*

Extendiendo su mano desde lo alto, tomó la
mía y me sacó del mar profundo. Me libró de
mi enemigo poderoso, de aquellos que me
odiaban y eran más fuertes que yo.

SALMOS 18.16–17

*H*ay una escena en la película *Despertares*, de 1990, cuando Leonard —el personaje que representa Robert De Niro—, insta al actor que encarna Robin Williams a que le cuente algo de su vida. Siguiéndole tan solo a *Gladiador*, es la película que habla más claramente en cuanto a mi esperanza del cielo.

—Tienes que decírselo a todos. Tenemos que recordarles lo bueno que es.

—¿Cuán bueno es qué, Leonard?

—Lee el periódico. ¿Qué es lo que dice? Todo malo. Todo es malo. La gente se ha olvidado de qué se trata la vida. Se han olvidado de lo que es estar vivo. Necesitan que se les recuerde. Necesitan que se les haga acuerdo de lo que tienen y lo que pueden perder... Lo que yo siento que es la alegría de la vida, el don de la vida, la libertad de la vida, lo asombroso de la vida.[3]

La película se basa en la experiencia real de pacientes catatónicos que fueron sacados temporalmente de su aislamiento para disfrutar de la vida como nunca antes la habían disfrutado. Muestra no solo la liberación de despertarse a un nuevo ámbito de cordura, sino también cómo sus despertares cambiaron para bien a las personas que les rodeaban.

Yo quiero que el bueno gane. Quiero conectarme con otros que anhelan ser libres de los arreos de la mortalidad. Tal vez por eso ciertas películas y cantos se me graban, especialmente cuando sus mensajes resuenan en mi experiencia. La escena final de *Campo de sueños* me conmueve cuando el padre y el hijo se reúnen para jugar pelota. Otras como *Fantasma, Tierra de sombras, Gente ordinaria* y *Conoce a Joe Black* me hacen saber que no soy el único que anhela una vida venidera que corrija nuestras partes destrozadas.

A una escala mayor, teológica, Dios me ha cambiado. A más de cinco años desde el día en que presencié los ocho mensajes de Dios, continúo siendo despertado a sus movimientos. Con ese despertar, los recuerdos continúan llegando, en una mezcla agridulce. Hay suficiente qué procesar para la eternidad y, mientras más proceso, más quiero pasar este tiempo efímero hablándoles a otros acerca del futuro que Dios ha planeado.

Mientras escribía este libro visité la tumba de Alex en el quinto aniversario de su muerte. El otoño había llegado a Illinois. En el cementerio Riverside, las hojas remolonas se aferraban a las ramas por encima de mi cabeza. Otras reposaban en las lápidas o yacían pisoteadas en los senderos que siguen lo sinuoso de las hectáreas de colinas.

Nunca me quedo mucho tiempo. Simplemente deposito tres rosas amarillas de Texas sobre su tumba y repito el

Padrenuestro. Las rosas amarillas se han vuelto simbólicas para mí, puesto que Alex y Bryan nacieron en Texas, y nosotros sabíamos que Jimmy ya estaba en camino antes de que nos mudáramos de allí de regreso a Moline hace años. Ponerlas en la tumba de Alex se ha vuelto una tradición varias veces al año: en su cumpleaños y el día de su muerte, el día de la madre, el día del cumpleaños de su madre, y el día del padre.

Varias semanas después celebramos su vigesimoctavo cumpleaños el Día de Acción de Gracias, tal como lo hicimos el día de su nacimiento en 1985. Calculé en el calendario que era la quinta vez en que su cumpleaños caía en ese día feriado, y el primero desde su muerte. El cumpleaños de Jimmy era al día siguiente, pero ese año los celebramos el Día de Acción de Gracias. No estoy seguro de que haremos eso frecuentemente, porque Jimmy merece un cumpleaños sin otro acoso, pero fue un día excelente y pudimos reconocer a Alex sin atascarnos en su ausencia. Vimos a los Cowboys de Dallas de Bryan y comimos pastel, y los tres nos fuimos juntos al cementerio, repetimos el Padrenuestro, y depositamos otro trío de rosas.

A poco llegó la Navidad y luego el Año Nuevo. El tiempo continúa pasando mientras yo continúo procesando.

Tengo grabadas en videodiscos compactos (DVD) varias de las celebraciones de cumpleaños de Alex, mis películas caseras. Verle en movimiento y oír su voz mantiene los recuerdos presentes. Aunque los años que se me dieron para criarlo no fueron suficientes, proveen una corriente continua de recuerdos.

Puedo reproducir un DVD y verle cumplir un año, y luego tres de nuevo, mi muchachito creciendo rápidamente hasta llegar a su juventud. Era un pequeño encantador, especialmente cuando hinchaba sus mejillas con pastel, ajeno a que era el centro de atención. Más de una vez alguien se acercó a Mindy en el supermercado para decirle que él podía haber sido un bebé modelo.

Puedo volver a ver a Alex a los ocho años, con amigos en su fiesta de cumpleaños gimnástica, agradeciendo a cada una de las personas que le obsequiaba mientras abría los regalos. La vida palpitaba por él mientras corría, saltaba, chistaba y hacía todas las cosas propias de los niños. Los recuerdos son tan reales que casi puedo sentir la frescura del aire en ese día. Había un clima para andar en camiseta, yo llevaba una color azul marino. Me pregunto cuántas camisetas de equipos se puso desde que tenía seis años: Moline, Walker, Universidad de Illinois, escoja el que quiera de los equipos profesionales de Chicago.

Los años volaron y llegó el día en que cumplió diecisiete. La brisa del Golfo de México en Naples agitaba las hojas de las palmas. Recuerdo que el aire estaba cálido, así como lo era la vista de mis hijos y parientes reunidos junto a la piscina para comer pastel y abrir regalos. De nuevo oigo la voz de Alex y los sonidos de una conversación tranquila y la vida familiar.

Conservo una grabación de su saludo en la contestadora telefónica para oír su voz. Con un par de clics de la tecnología, puedo revivir los días en que Alex estaba feliz y saludable, y así celebrar su crecimiento.

Es un misterio para mí cuándo se plantaron las semillas de la depresión en él. La ciencia nos dice que algunas personas son más proclives a desequilibrios químicos que otras. La herencia puede afectar eso, puede haber sido el caso de Alex.

El estrés, la tensión, la aflicción y cualquier número de disparadores pueden inclinar las balanzas de la química de nuestro cerebro.

A veces la depresión se presenta como una fuga lenta, difícil de discernir que está sucediendo. Nos ajustamos a una nueva normalidad que se siente un poco menos de lo que solía ser, y vagamente recordamos ser una persona un poco más alegre. Los días pasan, la energía se reduce, las sonrisas se vuelven forzadas, hasta que un día alguien cercano a nosotros sugiere que busquemos ayuda. Ven que estamos atrapados. Es decir, si las señales son visibles. Otros llevan la máscara, como dice mi médico, cual expertos, como la llevaba Alex.

No sé cómo surgió la depresión de Alex, gradualmente o con fuerza. No sé qué la instigó o por cuánto tiempo realmente batalló él.

En mi caso, casi tres años después de que Alex falleció, la enfermedad me golpeó como un camión enorme; me derribó fuertemente y sin advertencia. Pensé que había estado procesando la aflicción, pero esa fue una fase enteramente nueva.

Antes de eso, y en los días inmediatos después del fallecimiento de Alex, yo había cambiado de marcha a un modo protector. Continuaba sintiendo mi tristeza, pero vertía mi tiempo y mis pensamientos en cuidar al resto de la familia. Por todas partes a donde miraba, veía corazones lacerados y emociones vulnerables, y como papá, hijo y amigo, me sentía impulsado a ayudar a los demás.

Entonces, a mediados de 2011, Alex fue nombrado padrino honorario póstumo en la boda de su mejor amigo de toda su vida. Ese fin de semana fue un tiempo maravilloso y no estaba triste. Películas del novio y de Alex se reprodujeron muy comedidamente durante la cena y recepción del ensayo. Recuerdos gozosos. Pero mi enfoque seguía volviendo a la palabra *póstumo* junto a su nombre en el programa, por lo que me impactó la obvia ausencia de Alex. Era un acontecimiento que nunca se habría perdido, pero él no estaba allí, y algo se disparó: Alex se ha ido. En realidad, se ha ido de la tierra. Yo lo había sabido. Lo había vivido. Había sobrevivido hasta ese punto. Pero la realidad golpeó más hondo esa noche.

Mi consejera dice que el procesamiento de mi aflicción es complicado. El tener a alguien que muere por suicidio puede desatar en sí mismo una aflicción complicada, pero ser testigo de ello produce una angustia mucho más severa. Y cuando se trata de alguien tan joven, particularmente mi propio hijo —de quien yo pensaba que le iba bien y que no exhibía ninguna señal de depresión— todos esos elementos me llevaron más allá de la aflicción al trauma. Finalmente me golpeó con todo el poder postraumático.

En su artículo «A New Normal: Ten Things I've Learned about Trauma» [Un nuevo normal: diez cosas que he aprendido en cuanto al trauma], Catherine Woodiwiss dice que el trauma nos cambia permanentemente, pero que eso no es algo totalmente negativo. Sufrir solo al atravesar el trauma es insoportable. La sanidad es temporal, no lineal. El amor se asoma de maneras inesperadas. Y necesitamos permitir que los que sufren cuenten sus propias experiencias, lo que quiere decir que cada individuo debe descubrir la esperanza en su propia situación. También define dos grupos de personas que nos ayudan a atravesar el trauma. Ella los llama bomberos y constructores. Los bomberos llegan a la escena para brindar ayuda inmediata y rescate, en tanto que los constructores son los que se quedan con nosotros a largo plazo y nos ayudan a sanar.[4]

Cuando el estrés postraumático llegó a mi umbral, tuve que cerrarme por un tiempo. Tomé una ausencia autorizada de mi trabajo de enseñanza y me mudé temporalmente a la casa de mi madre, una «constructora», y la persona que más necesitaba durante esos cuatro meses. Yo atravesaba tanto conflicto que me quedaba acostado en su sofá todo el día, hojeando los Salmos cuando me sentía capaz. Mi madre es como acero de terciopelo. Es una joya, ella y el Señor me cuidaron en ese tiempo.

Les llevó un tiempo a los médicos regular mi medicina. Me recetaron una equivocada inicialmente, por lo que luché con efectos colaterales inusuales como la parálisis. Mis músculos cedían de repente y yo colapsaba.

Cuando estaba convencido de que no podría levantarme del sofá, mamá preguntaba si yo había ido a ver al médico y tomado las medicinas. Ella me animaba a que hiciera caminatas por el barrio, consciente —de alguna manera— de que el movimiento y el aire fresco me ayudarían a seguir avanzando. Al principio era muy duro avanzar por la calle hasta la casa de los vecinos, pero la coherencia desarrolló mi resistencia, y ahora llego hasta ocho kilómetros varias veces a la semana.

Unos pocos amigos también me edificaron, negándose a permitir que me aislara demasiado. Mi amigo Chris a menudo llamaba para decirme: «Paso a buscarte a un cuarto para las siete, para ir al estudio bíblico». Cuando yo respondía que no, él me decía: «Está bien, entonces a diez minutos para las siete».

Los Sivertsen, que nos habían apoyado a Mindy y a mí al ir a la oficina de ella el día de la muerte de Alex, llamaban todas las semanas. «Te recogemos a las 6:15 para ir al restaurante Ming Wah a cenar... ¿No? Está bien, te veremos a las 6:20».

De alguna manera sabía todo el tiempo que estaría bien, nunca sentí la desesperación de los sentimientos suicidas, pero no me sentía bien y sabía que me llevaría largo tiempo recuperarme. Sabía que seguía enfermo cuando en realidad me preocupé porque mi mamá se fue por unos días.

Viaje, eso sí, por mi cuenta a Naples por tres semanas e inmediatamente y de alguna manera me sentí mejor, yendo del clima oscuro, frío, del norte a lo abrigado del sol y la natación vigorizante. En los últimos meses de su vida, Alex también se había dedicado a la natación, por ello me preguntaba si estaba usando el ejercicio para hacer que sus endorfinas fluyeran.

Con el tiempo mi médico y mi consejera dedujeron algunas de las razones para mi estrés postraumático, siendo la culpabilidad la primordial. Habiendo lidiado con episodios de depresión personalmente varias veces, no podía superar el hecho de que no había visto las señales en mi hijo. Me había familiarizado tanto con ellas en mí mismo y en otros, pero su máscara fue tan efectiva que ninguna señal fue visible para mí, o para nadie más, hasta donde yo sepa.

La plena fuerza del trauma que atravesé al descubrir su cuerpo estuvo adormecida por tres años, pero mi aflicción continua se mostró en efecto en mi incapacidad de descansar respecto a la seguridad de mis otros seres queridos. Por dos años llamaba a Bryan y a Jimmy en Agustana, a las diez de cada noche, para asegurarme de que estaban bien. Lamentaba hacer eso pero, de nuevo, mi subconsciente estaba en un nivel de conflicto del que yo todavía no sabía. También dormía con mi celular a meros centímetros de mi cabeza para asegurarme de que no me perdería otra llamada a altas horas de la noche.

Al principio le escondí a Mindy, a mis hijos y a mi mamá el verdadero método del suicidio de Alex para no herir sus sentimientos. Les dije que había ingerido una sobredosis de aspirina genérica, que parecía más sutil que la horca.

Incluso preparé un nuevo certificado de defunción cuando Mindy me pidió verlo al final de ese año. Cubrí partes del original y lo copié. Luego busqué una letra compatible y llené en los espacios la causa de muerte que inventé: sobredosis de aspirina.

Sentía gran compasión por ella porque llevó a Alex en su vientre. Como su madre, ella acunó su corazón como nadie más lo había hecho, y me preocupaba que la realidad fuese demasiado cruel para ella. Ella se lo imaginó, sin embargo y a la larga, me arrancó la verdad, reconociendo que era un gesto amable de mi parte. Me doy cuenta desde entonces que yo también sufrí singularmente, habiendo sido el único en presenciar la crueldad de su muerte.

Años después, la noche de la boda de su amigo —cuando vi la palabra *póstumo* en referencia a Alex—, mi subconsciente al fin se dio cuenta de que había muerto. Mi consejera dice que mi mente había sepultado la realidad todo ese tiempo. Mientras me esforzaba tanto por proteger a los demás, sin quererlo me había estado resguardando también a mí mismo.

También hemos conjeturado que mis esfuerzos por cubrir la forma en que Alex murió pueden haber anclado y prolongado en mi subconsciente la etapa de negación de la aflicción, de una manera tan profunda como para que negara su muerte.

Yo ya había tenido tres episodios situacionales de depresión, felizmente no una vida plagada por ellos. Conociéndolo como lo conocía, pienso que la vida de Alex no se caracterizó por brotes repetidos tampoco. Yo no batallé con eso temprano en mi vida, cuando era tan activo como nadador en competencias y corredor por más de cuarenta años. Pero después de que las lesiones relativas a los deportes y varias cirugías me obligaron a reducir mi actividad física, mi cerebro batalló para mantener fluyendo esas substancias químicas que necesitaba.

La primera vez que lidié con la depresión, la produjeron las presiones del trabajo después de que nos mudamos a Texas. Entré en una situación tumultuosa en el trabajo, en circunstancias que me predisponían al fracaso. La persona previa en mi nuevo cargo había sido despedida y yo, el hijo del jefe, parecía uno de afuera. No tenía la ayuda necesaria para hacer que las cosas mejoraran, nos faltaba personal y el estrés era intenso. Estoy hablando de estrés en el sentido de tener treinta o cuarenta ascensores atrasados de cuatro a seis meses, y el gobernador llegando al día siguiente. Yo había tenido empleos bastante duros, pero la presión de este los excedió a todos.

No podía dormir, problema que nunca había atravesado, y empecé a tener ataques de ansiedad. Desacostumbrado a todo ello, sentí un increíble temor a lo desconocido y miedo de que no podría estar a la altura. Tenía solo treinta y dos años, pero sentía el peso del mundo como un hombre mucho mayor.

Las emociones me llevaron de regreso a la universidad, cuando me preguntaba si podría rendir en Illinois. Recordé que mi compañero de habitación y yo teníamos un ejemplar del mismo libro de química, pero él arrancaba secciones del suyo después de leerlas, porque había dominado la información y quería que el libro fuera más ligero para llevar. Yo, por otro lado, no tuve un tiempo tan fácil.

Añadido a eso, estaba aplicándole inyecciones a Mindy para ayudarla a quedar encinta, y su madre había muerto, así que ambos estábamos afligidos.

Después de cuatro meses o algo así, todo eso me alcanzó. Me sentí abochornado al ir a ver a un siquiatra y tomar medicinas para la ansiedad y la depresión. Sin embargo, esos apoyos me ayudaron a recuperarme. A la larga la difícil transición mejoró e hice crecer la productividad en doscientos por ciento en el trabajo, la experiencia se convirtió en un punto destacado de mi carrera. Y Mindy y yo quedamos embarazados.

De ese tiempo aprendí dos cosas: perseverar y convencerme de que las cosas pueden mejorar, y a detectar las señales de la depresión y la ansiedad, ciertamente en mí mismo como también en otros.

Luego, en 1999 luché con el divorcio y pasé tiempo en la Clínica Mayo, lo que me ayudó a identificar una solución para volver a levantarme y correr. Entonces, por varios meses desde fines de 2006 a principios de 2007, atravesé una reacción demorada por la muerte de mi padre en abril de 2004. La angustia de esos meses se precipitó en gran preocupación por Alex después de su grito de ayuda a mediados de 2007, después del incidente con el coche de su abuela en Florida. Y luego, por supuesto, mi peor batalla con la depresión llegó en el 2011, impulsada por el 2 de octubre de 2008.

He aprendido mucho en cuanto a cómo procesamos la aflicción y otras emociones, y cómo pueden ellas participar en la depresión. De mi médico y de mi consejera he aprendido que la corteza cerebral, necesaria para el razonamiento maduro, de los adultos, no se desarrolla plenamente sino hasta avanzados los veinte. Considerando que los niños son pensadores mágicos, naturalmente llegamos a la vida adulta con unas cuantas creencias falsas y un procesamiento inadecuado de la vida. Traemos a nuestros años adultos dos décadas de mensajes mezclados de otros, más las mentiras del enemigo.

En el caso de Alex, su edad puede haber influido en parte a su depresión. Los veinte pueden ser una década vulnerable puesto que el cerebro no es completamente cognoscitivo. Añádase a eso las complejidades físicas de las presiones de llegar a la altura, el deseo de probarse uno mismo y de valer en el mundo, junto con las decisiones críticas en cuanto a relaciones personales, carrera, finanzas e independencia, lo que es una carga pesada que llevar. Con razón la vida puede sentirse abrumadora.

Si la depresión trabaja, puede haber un reenfoque en las creencias irracionales de la niñez, así como también las creencias en cuanto a nosotros mismos y a cómo procesar nuestro lugar en la vida. La terapia cognoscitiva puede ayudar a reentrenar los hábitos habituales de procesamiento que nos llevan por mal camino. Otras veces las medicinas son útiles. El darse cuenta del potencial para la depresión y sus señales de advertencia, junto con mantener notas de los niveles de estrés de nuestros chiquillos, es una función de mantenimiento para los padres.

Como dice un dicho nativo estadounidense: «No es el dolor lo que es el problema; es nuestra resistencia al dolor lo que causa el sufrimiento». Debemos lidiar con las cuestiones y no esquivarlas debido a los estigmas anticuados en cuanto a la depresión o las ideas erradas de que debe ser suficiente más fe para fajarse y seguir avanzando.

Absolutamente, la fe en el Señor provee una ventaja. La necesitamos como aire y agua, nuestra línea vital. Él me llevó de una respiración a la siguiente durante mis momentos más difíciles. Pero cuando alguien sufre de depresión clínica, negar la necesidad de ayuda médica es similar a rehusar tratamiento médico para el cáncer porque la suficiente fe en Dios debería sanarlo. La depresión clínica es una enfermedad médica, no escasez de fe.

De acuerdo a mi orientador, los síntomas de la depresión a menudo son más visibles en las mujeres que en los hombres. Los jóvenes en particular no siempre exhiben las señales típicas. Todos respondemos de manera diferente a las circunstancias; el estrés para una persona puede mostrarse físicamente, en tanto que en otras puede revelarse como depresión.

Como sociedad, tenemos que aumentar nuestro entendimiento acerca de la manera en que se extiende la depresión. El aumento de las tasas de suicidio acapara la atención.

En su número del 25 de noviembre de 2013 la revista *Time* publicó un artículo sobre personas que responden a las llamadas mediante la red de la Línea Vital Nacional de Prevención del Suicidio. Dice que las tasas de suicidio han ido aumentando desde el 2005. El año más reciente con las estadísticas disponibles era el 2010, cuando 38,364 estadounidenses se quitaron la vida, de acuerdo al Centro para Control y Prevención de las Enfermedades. Y ese número incluye solo a los que se registraron. Estas son algunas de las estadísticas mencionadas:

· La Línea Vital Nacional de Prevención del Suicidio esperaba 1.2 millones de llamadas en el 2013
· El número de llamadas ha ido aumentando quince por ciento cada año.[5]
· Aproximadamente a cien millones de estadounidenses (algo así como uno en cada tres) los aflige la depresión.

Esas son cifras alarmantes. Si son acertadas, entonces una de cada tres personas que vemos hoy está batallando con este invasor potencialmente mortal. Incluso la más ligera depresión puede reducir la calidad de vida.

Sin embargo, el mensaje de Dios es de esperanza. Una esperanza de recuperación completa, con la atención médica apropiada y otros componentes de buena salud, como dieta, ejercicio, sueño y fe en un Padre que afirma para sí el papel de nuestro Sanador (Salmos 103.1–3).

Como he descubierto, el estudio de las revelaciones en el libro de los Salmos me sacó de la desesperanza, así como también lo hizo con quienes los escribieron hace mucho tiempo. Mientras estaba recuperándome, hallé más de cien conjuntos de versículos en los ciento cincuenta capítulos de los Salmos que tienen que ver con la depresión, la angustia, la desesperanza y la ira. Estos fueron escritos miles de años antes de la medicina y la siquiatría modernas, y me ayudaron a darme cuenta por primera vez de que Dios me conoce, que en realidad me ama, que estará conmigo, que no permitirá que perezca y que me restaurará.

El rey David y los demás salmistas no tenían problemas para preguntarle a Dios por qué ni para admitir la debilidad y la duda. Tal vez la clave a sus preguntas es que en sus dudas y emociones negativas se apoyaban en el Señor buscando su poder.

Confío que a Dios le parezcan bien nuestras preguntas, incluso nuestras dudas e ira, cuando se las llevamos a él. El rey David llenó sus salmos con toda emoción que sintió, por eso Dios lo llamó varón conforme a su corazón. El Señor entiende más que nosotros cuánto lo necesitamos y está de acuerdo con eso. Incluso sabe cómo atenderlo. Nosotros también necesitamos aprender a saber cómo tratarlo, a fin de disfrutar de su esperanza, la que nos lleva.

David tal vez no haya sentido la encarnación de la confianza al derramar sus cuitas en el Señor. Pero, de nuevo, tal vez entendía que las preguntas no implicaban falta de creencia cuando acudimos a Dios con ellas; tal vez nos ayuden a cultivar confianza sincera, tenaz.

Mi consejera describía la aflicción como olas en el océano. Cuando una gran ola se avecina, lo peor que podemos hacer es afirmarnos y resistir. Si nos dejamos llevar por ella, acabaremos con menos daño. La aflicción puede incluir muchas olas y, conforme nos dejemos llevar por ellas, al abrazar el dolor, hallaremos sanidad en el proceso. Estamos capacitados para sobrevivir y evadir el dolor, pero Dios tiende a obrar mejor en nosotros mediante nuestro sufrimiento.

Nuestro Padre celestial ve nuestra fe en la medida en que es azotada por las olas de la aflicción, por ello la fe forjada es bella. Rara.

En el fondo de algunos lagos no diferentes a nuestro lago May, todavía se hallan troncos petrificados de árboles, aunque cubiertos por las olas. Casi nada eliminará esos fósiles. Se han vuelto irrompibles por la exposición a la intemperie. Muestran señales de desgaste físico, pero son más sólidos que roca. La fe es así.

Dios quiere que esperemos, ya que él nos ministrará. Él me mostró que la esperanza es posible más allá de la depresión. Yo la atravesé, y mi hijo está con su Fuente hoy. Jesús, esa Fuente, camina con nosotros aquí, nos encuentra en el puente y nos lleva al hogar.

Capítulo once

Hasta que nos volvamos a ver

A ti, Señor, te pido ayuda; a ti te digo: «Tú eres mi
refugio, mi porción en la tierra de los vivientes».

SALMOS 142.5

*L*a recapitulación del 2 de octubre de 2008 ha traído gran dolor al corazón, pero mi hijo trajo mucha alegría. Sonrío al recordarlo, no puedo terminar de hablar de él como no sea con una nota positiva. Voy a decirles cómo Dios ha continuado recordándome sus ocho mensajes, pero antes quiero hablarles de uno de los compañeros de dormitorio de Alex.

Durante una visita a Alex en su antepenúltimo o penúltimo año en Illinois, me presentaron a un pato que él había llevado a vivir consigo. Él y sus compañeros humanos de dormitorio habían notado al patito deambulando por el complejo residencial, perdido o expulsado del nido por su madre. Como era a fines de otoño, el clima estaba poniéndose frío, así que los muchachos llevaron al animal adentro. «Hallaron» (no pregunté detalles específicos) una tina oval de una pila para pájaros y la llenaron con agua. La pusieron sobre una frazada en la que habían escrito *Pato Donnie*, añadieron malla de alambre para hacer un corral, y cuidaron al patito hasta que se recuperó.

Cuando les pregunté cómo sabían qué darle de comer, Alex dijo que habían hecho algo de investigación y trataron de emular lo que el pato habría comido a la intemperie. Luego añadió, con una sonrisa traviesa, que a Donnie le gustaban las sobras de la mesa, hamburguesas, tostaditas de maíz e incluso un poco de cerveza de vez en cuando.

Pregunté si el ruido fastidiaría a los vecinos o, Dios no lo quiera, atraería la atención del gerente del condominio. Evidentemente Donnie era un residente tranquilo, lo suficiente como para no perturbar la paz.

Los muchachos tenían una traílla y un collar de perro pequeño a fin de llevarle a caminar para que hiciera algo de ejercicio.

«A las muchachas les encanta, papá», dijo Alex con una sonrisa.

Para entonces yo me estaba riendo, así que cualquier explicación habría parecido razonable. Ese era mi Alex: divertido, travieso y, sin embargo, sinceramente atento. Más tarde cuando el pato estuvo más fuerte y el clima mejoró, soltaron a Donnie en un lago fuera de la ciudad.

Me encanta que él se preocupara por algo pequeño y débil. Hubo veces en que muchos ni siquiera se preocupaban por expresar algo más que «¡Qué malo!».

Hace poco mi clase de escuela dominical buscó las derivaciones y significados de algunos de los nombres famosos del Antiguo Testamento. Por curiosidad, busque en Google el de *Alexander* y hallé que originalmente viene del latín y luego del griego, y significa «defensor, protector del hombre». Eso se aplica a mi Alexander; por lo menos como protector de hermanos menores y primos, e incluso patitos. Incidentalmente, *Alan*, derivado de Alexander, me parece apropiado para mí, como soy defensor y protector de Alexander Montgomery Hallene y todo lo que él defendió o habría defendido.

Como alguien a quien el suicidio ha afectado íntimamente solo puede entender, me parte el alma oír opiniones de que el Alex que yo conocí *se dio por vencido* o *decidió* acabar con su vida. No hay palabras para hablar lo suficientemente fuerte contra tan mal concepto. Mi Alex jamás se rindió. Era un guerrero que fue derribado temporalmente por el enemigo de su alma y por una enfermedad física. Al enemigo le encanta usar la depresión para marginar a cualquiera que pueda alcanzar.

En la fuerte mente del Alex que conocí por veintitrés años, él jamás habría decidido quitarse la vida. Él vivió con pasión, bondad y energía. Amaba la vida y jamás habría afligido a su familia yéndose como lo hizo. Era protector, cuidador y atalaya de los demás.

Pero sufrió de una enfermedad que muchos padecen cada día, personas que necesitan comprensión y ayuda tanto como él. Ese era mi Alex, y pienso que mi propósito de aquí en adelante es luchar por su recuerdo y para beneficio de otros que batallan contra la depresión.

En cuanto a mí, en la secuela de la muerte de Alex sentí la protección de Dios de maneras muy personales. Reflexiono en el pasado y veo cómo me estuvo preparando para una visión fresca. Puedo percibirle guiándome a diario con un propósito especial que él está haciendo surgir de mi corazón roto.

En las primeras semanas después del funeral, evadía a la gente. Aunque agradecido por sus expresiones de cariño, me sentía abrumado. Había sido estimulado por el torrente de cariño y afecto durante el velorio y el funeral de Alex, pero después luché para que no se me viera ni se me consolara como víctima.

No pude leer las docenas de libros sobre la aflicción que la gente me regaló. No pude asistir a la iglesia por varias semanas, por temor a que la gente se acercara a mí y me consolara. Muchos estaban listos para ayudarme, pero yo necesitaba estar solo. Anhelaba el anonimato en una ciudad en la que muchos nos conocían y se interesaban por nosotros. Sus expresiones reflejaban su aflicción, cuya fuente era la misma que la mía, pero no pensé que pudieran igualar la profundidad de la mía. Yo no sabía cómo consolarlos mientras trataban de animarme, y me partía el corazón ver a los jóvenes amigos de Alex, puesto que él ya no estaba con ellos.

En esos primeros días empecé a oír suave música religiosa al despertar, luego a lo largo del día y finalmente al recostar mi cabeza para dormir.

Siempre me gustaron los viejos himnos de mi niñez en la Primera Iglesia Congregacional. Unos pocos días después del servicio funeral, empecé a oír periódicamente la tonada de un himno que traía paz, pero que no me era familiar. Debo haberlo oído antes, pero no podía recordar ni el nombre ni la letra.

No pensé mucho al respecto excepto que Dios debe haber estado enviándome su amor y su paz de nuevo. Pasó un mes y finalmente volví a la iglesia el 5 de noviembre —Día de todos los santos—, cuando las iglesias por todo el país homenajean a los miembros que han fallecido durante el año anterior. En la conclusión del servicio, el coro empezó el himno final. Reconocí el canto que se había quedado en mi cabeza todo ese mes.

Por todos los santos, que de sus trabajos reposan,
Que por su fe ante el mundo te confesaron.
Tu nombre, oh Jesús, sea bendito para siempre.
¡Aleluya! ¡Aleluya!
Tú fuiste su roca, su fortaleza y su poder;
Tú, Señor, su capitán en una lucha bien librada;
Tú, en el temor oscuro, su única luz verdadera.
¡Aleluya! ¡Aleluya![6]

Las lágrimas fluyeron durante tres estrofas más y tuve que salir del culto. Ese canto fue el compañero que me había despertado suavemente, me había acompañado durante el día y tiernamente me había puesto en la cama cada noche.

El tiempo continuó y llegó la Pascua de resurrección de 2009, la primera sin Alex. Por casi todas sus vidas, nuestros muchachos habían pasado la semana de Pascua —en que no había clases— con Mindy y conmigo, junto con mis padres en su casa de invierno en Naples, Florida. A pesar de que nuestra pérdida pesaba fuertemente en nosotros durante esa temporada sagrada, pudimos disfrutar del océano, del campo de golf y de cenas con mariscos en nuestros restaurantes favoritos.

Yo estaba bien en la iglesia el domingo de resurrección, cuando el coro y el cuarteto de viento tocó el himno final: «El Señor resucitó». De nuevo, las lágrimas fluyeron durante las cuatro estrofas del himno. Yo no quería que mis hijos, Mindy o mamá me vieran llorando, así que volteé hacia el pasillo para secarme los ojos.

Mientras mantenía mis ojos cerrados para contener mis lágrimas, el coro y el cuarteto pasaron a responder la bendición del *Mesías* de Handel, cuando lo vi. Alex estaba cantando gozosamente con una toga coral blanca, una camisa inmaculada y su corbata. Todo blanco y rodeado por otros miembros del coro celestial. Fue un recordatorio de que Alex adoraba a Jesús en persona en su primer día de Resurrección en la gloria. Celebré un sinnúmero de primeras cosas con él, pero esa estuvo a la cabeza de todas ellas.

De nuevo vencido, tuve que esperar a mi familia en la parte trasera de la iglesia.

En los próximos tres años y medio, otros cuatro himnos llegaron a ser significativos para mí en mi iglesia, Moline Faith Lutheran. Cada uno de ellos me abrumaba, al punto en que tenía que salir de la banca. Cada uno me recuerda que Dios estuvo cerca en octubre de 2008, y que ha permanecido a mi lado.

En el 2009, el himno fue «Here I Am, Lord» [Aquí estoy, Señor]. Esta es la línea final: «Les daré mi vida, ¿a quién enviaré?».[7]

Luego, en el 2010, «Espíritu de Dios, desciende a mi corazón»:

> Espíritu de Dios, desciende a mi corazón;
> Desapégalo de la tierra; obra en todos sus latidos;
> Doblega mi debilidad, poderoso como tú eres,
> Y hazme amarte como debo.[8]

Otro año pasó y el 2011 trajo «Amor divino, que supera todo amor»:

> Amor divino, que supera todo amor,
> Gozo del cielo, ven a la tierra,
> Haz en nosotros tu humilde morada;

¡Corona todas tus fieles misericordias!
Jesús, tu eres todo compasión,
Puro, ilimitado por el amor eres tú;
Visítanos con tu salvación;
Entra en todo corazón conmovido.[9]

Y luego llegó el 2012. Como de costumbre, un domingo por la mañana como tantos otros, ocupé mi lugar en la iglesia. Como a la mitad del culto, los tubos del órgano resonaron con el himno de la Santa Cena. Estaba familiarizado con este; de hecho «¿Nos veremos en el río?» es uno de mis favoritos. No pensé nada al respecto y empecé a entonarlo mientras esperaba para pasar y arrodillarme ante el altar para recibir la comunión.

De repente empecé a llorar. Incapaz de contenerme, me preguntaba qué estaba pasando.

Entonces me di cuenta de que mi último retrato favorito de Alex lo muestra con sus manos levantadas, sosteniendo una botella de vino, tranquilo y cómodo al aire libre en una silla en el porche. Sonrió a la cámara. Ese retrato fue tomado semanas antes de su muerte, a fines del verano de 2008. Él estaba en la casa veraniega de su finado abuelo Grafton, en Muscoda, Wisconsin, a pocos metros del río Wisconsin. Aunque yo no estaba con él en ese viaje, como familia nos habíamos reunido en ese río muchas veces.

Por sexta vez tuve que retirarme del santuario para evitar las miradas preocupadas.

El canto más reciente vino en marzo de 2013. Ese día de primavera pasé varias horas tecleando y editando una hoja de resumen para conferencias cuando hablo a grupos sobre los mensajes que el Señor me da. Cuando finalmente hice clic para imprimir, el viejo canto de Roy Rogers «Felices senderos para ti, hasta que volvamos a vernos» empezó en mi cerebro.

> *Felices senderos para ti, hasta que volvamos a vernos.*
> *Felices senderos para ti, sigue sonriendo hasta*
> *entonces...*[10]

El resto del canto se desvaneció entre mis lágrimas. No lo había oído probablemente en cincuenta años, pero no fue una coincidencia que sonara justo entonces. La tonada tiene una cualidad calmante en ella. Nada complejo, pero hay una paz en su letra y su tonada. Cuando Dale Evans Rogers lo escribió en 1950, el Señor vio el día en que me recordaría que veré a mi hijo de nuevo.

He sido protegido durante este peregrinaje en maneras que no siempre fueron bien recibidas pero que son evidentes.

Sonreiré al recordar la vida de Alex. Me reiré por la gracia que se me mostró en su muerte. Mi vislumbre del cielo me impulsa a orar para que otros disfruten por igual de los dones de la gracia de Dios, acorde con sus necesidades. Su gracia me quita la desesperanza y me recuerda que todavía estoy aquí por una razón. Él tiene un propósito especial para mi vida a través de todos los dolores y las alegrías.

Toda mi vida mis padres me animaron diciéndome que yo era especial puesto que estuve a punto de morir al nacer. Fui prematuro por más de un mes, por lo que mis pulmones no se habían desarrollado por completo, una virtual sentencia de muerte en esos días. Ambos matrimonios de mis abuelos condujeron a Oak Ridge, Tennessee, para estar con mis padres de veintidós años mientras su bebé, yo, moría. Pasé veintiocho días en una incubadora, y mi mamá dijo que fue la única madre en el hospital a la que no se le permitió abrazar a su hijo, y mucho menos llevarlo a casa. Mis padres hablaban desde lo más hondo del corazón cuando me recordaban que la vida es un don. Desde que yo tenía como cinco años, recuerdo que me decían que se me había permitido vivir con un propósito singular. Se me han dado más de sesenta años adicionales hasta aquí.

Siempre me he sentido presionado por mí mismo para hacer algo con las palabras de mis padres y sé que Alex sentía lo mismo, puesto que también casi murió al nacer.

Por supuesto, no importa qué circunstancias reciban a un niño que llega al mundo, es especial simplemente como creación de Dios. Sin embargo, la importancia de que mis padres me dijeran que creían que Dios tenía un papel apropiado para mí ha permanecido conmigo y me ha impulsado a aplicar eso hacia delante. Vi en Alex ese mismo deseo de determinar una diferencia.

Así que, ¿qué viene luego? Es tiempo de irse o no lo es, como lo habría dicho Alex. En la obra *Gladiador*, Máximo envía sus tropas a la batalla con la proclama de que «Lo que hacemos en la vida resuena en la eternidad».[11] Eso de seguir avanzando y ayudar a otros es ahora o nunca.

Por supuesto, mi primera prioridad es ser padre para mis dos hijos. Ellos se han afligido profundamente. Son los dos tercios de mis tres traviesos; conocían a Alex como yo no lo conocía, como hermano. Me cuentan recuerdos de él que yo no conozco, momentos juntos de cuando crecían como chicos, adolescentes y jóvenes. Sí, Mindy y yo perdimos a nuestro hijo. Mamá perdió a su nieto. Pero Bryan y Jimmy tienen más años por delante en la tierra sin Alex, perdieron su líder, su compatriota, su colega. Quiero asegurar que sus años sean significativos, con alegría y esperanza. Ellos siguen vivos, victoriosamente. Bryan trabaja como contador en Chicago y está estudiando para sus exámenes de contador público certificado. Jimmy ha vuelto a Moline y trabaja en ventas. La fe de ellos es fuerte, no podría sentirme más orgulloso de ellos.

Como familia hemos tenido que figurarnos, individual y colectivamente, en qué forma avanzar con todas las cosas que hacemos juntos: días festivos, cumpleaños, tradiciones. La transición es un proceso que transcurre conforme descubrimos y nos establecemos en un nuevo ritmo.

Yo continúo enseñando en St. Ambrose University en la Facultad de Negocios. Además de ser un apoyo para otros afectados por la muerte de Alex, seguiré con otros esfuerzos. Nuestra familia estableció una beca anual en la Universidad de Illinois disponible para un estudiante de la secundaria Moline. Alex se había sentido dichoso, a la vez que culpable y desalentado, por un amigo de la misma ciudad que no pudo volver a esa universidad después de su primer año debido a que sus múltiples becas académicas cubrían solo su primer año. Nosotros nos hemos asegurado de que la beca en honor a Alex sirva para cuatro años, 2.500 dólares al año, siempre y cuando el becario mantenga por lo menos un calificación promedio de 3.0. En mayo de 2014 otorgamos la quinta beca anual Alexander Montgomery Hallene a un estudiante que tenía necesidad financiera. Una placa con el nombre del ganador de cada año y el año se muestra fuera de la oficina del rector para inspirar a los dos mil cuatrocientos estudiantes de la secundaria Moline a perseguir sus sueños. El día después de que termina el año, cada becario también recibe una placa pequeña y un montón de recuerdos de Illini, incluyendo una camiseta anaranjada con capucha por supuesto, en una ceremonia pequeña, privada, solo con nuestras familias presentes.

También estoy organizando la Fundación Yalex, que servirá para varios propósitos que pueden ampliarse con el tiempo:

1. Ayudar a personas con depresión.
2. Ofrecer ayuda recreativa para niños con necesidades especiales y jóvenes como mi sobrino Matt.
3. Ayudar a alimentar a niños con hambre.
4. Ayudar a nuestros veteranos de guerra.

La fundación y su sitio web ayudarán a dirigir a las personas a los recursos estatales y federales apropiados como la American Foundation for Suicide Prevention (Fundación Estadounidense para Prevención del Suicidio, AFSP, por sus siglas en inglés). Si la fundación Yalex puede ayudar por lo menos a una persona a retroceder del borde del abismo, o la ayuda a que no salte al mismo, o convence a alguien del amor de Dios, de modo que nunca salte, valdrá el esfuerzo.

También tengo ideas para organizar el concepto triage en el plantel para escenarios universitarios en honor a Alex. Pienso que estos pueden ser escenarios en donde los estudiantes (o veteranos de guerra) puedan entrar sin temor ni vergüenza para recibir orientación académica o profesional, así como también asesoramiento emocional. Pueden reunirse con médicos u orientadores para evaluar sus necesidades y ver si corren el riesgo de cometer suicidio. Si es necesario, se enviaría una orden al decano para que al paciente se le conceda un permiso de ausencia a fin de que él o ella pueda evitar el quitarse la vida y, más bien, aprovechar el tiempo para recuperarse y bien sea retomar sus estudios o seguir un plan diferente. Si Alex hubiera sentido que tenía esa opción, quién sabe si hoy estaría vivo.

Continuaré desarrollando mi ministerio de conferencias en iglesias y otros grupos. El enfoque de mi charla es esparcir la esperanza y la seguridad del cielo, ayudar a otros a ver que Dios es un individuo demasiado bueno como para no haber creado un plan para que nosotros nos volvamos a unir con aquellos de quienes hemos sido temporalmente separados en la tierra. Es mi oración que este libro ayude a muchas personas, aunque ha sido una tortura escribirlo. Soy un individuo amigable; me encanta comunicarme y conectarme en persona. Hablar me energiza, siento que es mi manera más eficaz de alcanzar a otros, puesto que es cómodo, no invasivo.

Siempre estaré agradecido a mi mamá, mis hijos, a mi consejera, a los Sivertsen, y mi amigo Chris por animarme a publicar este libro. Lo que empezó con unos pocos pensamientos que garrapateé siete semanas después de que Alex falleció, se ha convertido en *Esperanza del cielo*.

Cuando me animó a perseguir esto, mi consejera añadió que debía ser sincero en cuanto a la forma en que Alex murió. Luché por dos años con ese consejo, preguntándome si estaría sirviendo bien al recuerdo de Alex. Me sentía enojado con Dios mientras batallaba tratando de entender qué dones eran esos ocho mensajes y, sin embargo, parecían venir con una carga por contar la experiencia de mi hijo. Creo que esas verdades son bíblicas y transferibles a otros. Incluso ahora es mi oración que esto valga la pena; que la ayuda que pienso que este relato puede ser para otros supere en mucho el dolor; que los esfuerzos por honrar su legado aseguren que él no murió prematuramente en vano.

Irónicamente, el día en que puse por escrito por primera vez esos ocho mensajes fue el 22 de noviembre de 2008, el cuadragésimo quinto aniversario de la muerte del presidente John F.

Kennedy, por largo tiempo mi héroe. Yo tenía diez años y estaba en quinto grado cuando él salvó, en mi opinión, la mitad de las vidas de nuestro país mediante su fría e inteligente solución de la crisis de los misiles cubanos en 1962. Sus palabras hacen eco en mi corazón y es mi oración que broten de este libro:

Porque, en el análisis final, nuestro vínculo común más básico es que todos habitamos este pequeño planeta. Todos respiramos el mismo aire. Todos atesoramos el futuro de nuestros hijos. Y todos somos mortales.[12]

Y también esto:

Con una buena conciencia como nuestra única recompensa segura, con la historia como juez final de nuestras obras, marchemos para dirigir la tierra que amamos, pidiendo sus bendiciones y su ayuda, pero sabiendo que aquí en la tierra, las obras de Dios son verdaderamente las nuestras.[13]

Sean cuantos sean los días que el Señor haya diseñado para mí, proclamaré las promesas que me hizo a mí —a nosotros— hace miles de años y que nos hace cada momento de nuestras vidas. Él nos conoce y nos ama a cada uno de nosotros, nos protegerá, nunca nos abandonará, nos oirá cuando clamemos a él, nos fortalecerá, nos cuidará y nos preservará. Él es nuestra roca, nuestra fortaleza, nuestro libertador, nuestro escudo, nuestro baluarte y nuestra ayuda. Él es nuestra luz y nuestra salvación; nos restaurará de nuestro lecho de enfermedad; nos sostendrá en nuestro padecimiento; él sostendrá a todos los que caigan y levantará a todos los que estén doblegados. Él será nuestro guía hasta el mismo fin. Él es compasivo y bondadoso; él perdona nuestros pecados y sana nuestras enfermedades; él sana al quebrantado de corazón y venda nuestras heridas. Y al fin, nos preservará de todo daño y cuidará nuestras vidas, no importa cómo sean las circunstancias.

Dios me ha mostrado a través de varios acontecimientos y personas que a menudo obra más poderosamente en formas que el mundo visible piensa que son distintas. Tal vez es eso lo que hace el episodio del pato tan dulce. Alex tomó tiempo para ayudar a un ave pequeña, desdeñada, insignificante. Con ello, añadió la sanidad a la calidad de vida.

Lo que empieza pequeño o débil, Dios quiere hacerlo crecer y convertirlo en algo poderoso para sus propósitos. Él salvó a dos pequeños Hallene, pero nunca pensé que pudiera obrar mediante la muerte de mi hijo para hacer nacer una fe más viva en mí. Sin embargo, a nuestro Dios le encanta obrar de esa manera. Para mostrar su control sobre la muerte, tal vez; para compartir su insuperable amor, definitivamente.

Cuando estaba afligido por mi finado hijo, Dios impartió vida a mi corazón y me recordó que había estado conmigo desde mi nacimiento, tal como con mis hijos.

Como dijera Isaías: «Mis caminos y mis pensamientos son más altos que los de ustedes; ¡más altos que los cielos sobre la tierra!» (55.9). Sus pensamientos no son limitados como los nuestros. Sus métodos van más allá de los nuestros para crear «una corona en vez de cenizas» (61.3). Por su poder para volver a crear podemos estar muy agradecidos y podemos decidir pasar esta esperanza conforme nos aferremos a él.

Sin embargo, él también entiende que a veces no tenemos fuerza para aferrarnos con fe. Cuando el dolor destroza al punto que no podemos seguir aferrándonos, es cuando él puede revelar que *nos* sostiene, que su poder y su esperanza nos hacen salir adelante. Él llega hasta lo más profundo por nosotros porque sabe que no siempre podemos hacerlo por nuestro esfuerzo. Él nos sostiene aunque no podamos verle. Él sostuvo a Alex toda la vida, aun cuando yo no pude. Y cuando Alex murió, el Señor me dio una visión de su gracia que me sostuvo mientras luchaba por seguir aferrándome al muchacho que sentía que había perdido.

Esperanza en la desesperanza, hermosura en vez de cenizas, obrar por medio del débil, métodos que parecen extraños; todos ellos señales de la presencia personal de Dios en cada una de nuestras vidas.

Se me ha hecho recordar la manera en que Jesús usaba los barcos y la pesca en su vida y en sus enseñanzas, como en mi primera visión de Alex y mi padre en nuestra casa del lago en Minnesota. Considero mi preparación como ingeniero y me asombra que el Señor me entregara esos mensajes con orden y un entendimiento claro como el cristal, de una manera que mi tipo de personalidad pudiera captar. Además, está el vivo recuerdo de mi sobrino Matt cuando me dice que ha hablado con Ah-ix otra vez.

Dios sabe cómo alcanzarnos. Él ha estado iniciando la conexión con la gente desde los primeros días de la creación. Oí los mensajes de Dios muy claramente, pero todavía quisiera oírle más fuerte, en la manera en que se comunicó con Moisés y Abraham.

Pero supongo que la fe madura oye con el corazón tanto como con los oídos, y puedo hallar consuelo en que lo que él me comunicó fue tan real como lo que les dijo a esos héroes antiguos. Puedo fortalecer en mi fe actual, en tiempo real, con las palabras de Éxodo 20.22 y con el mismo recordatorio que el Señor del tiempo y la eternidad le habló a Moisés: «El Señor le ordenó a Moisés: «Diles...: "Ustedes mismos han oído que les he hablado desde el cielo"».

Alguien más allá de mí mismo vino a mi encuentro en mi más profunda herida. Recibió a mi hijo, en su más profunda herida, en algún punto más allá de esta tierra. Si puedo contarle a la gente lo asombroso de la vida y ayudar a alguien a hallar esperanza para sus tristezas y la promesa de una reunión celestial algún día, tal vez mi peregrinaje por el sufrimiento sea algo sensato.

A través del episodio más trágico de mi vida, el Señor me mostró como es él; no una sociedad o lo que me imaginaba que es, no como nos gustaría que encaje en una definición apropiada a nuestra forma de pensar. Él obró en mí más allá de mis capacidades. Me demostró que él es el Señor, no yo. Él es el que tiene el poder, la gloria y el control. Me comprobó que la realidad de él mismo en el universo y en mi propia vida es algo bueno, y que no se limita a librarme de mí mismo.

Yo estuve con Alex al final de su vida, como lo estuve al principio. El hecho de que me dejó un mensaje en las primeras horas, pidiéndome que fuera a ayudarle, me ha confortado y a la vez me ha acosado. Pero Dios ha intervenido cada vez y ha detenido las cavilaciones torturantes.

Como una amiga enfermera, Debi, escribió en una nota de condolencia, el agujero dejado en mi corazón por la muerte de Alex nunca desaparecerá ni sanará por completo. Siempre llevaré una cicatriz. Sin embargo, ella añadió que, aunque la arteria sangrante de mi corazón nunca se evaporará, se hará más pequeña con el tiempo, mediante la oración y los recuerdos.

Siempre detesté la palabra «sigue», porque sugiere que se supone que debemos olvidar todo en cuanto a una gran aflicción, como si simplemente pudiéramos superarla. El trauma nos cambia; nunca más somos los mismos. Pero la esperanza es que Dios usará todo, incluso algo tan trágico como el suicidio. La mejor condolencia de todas fue la de mi propio hijo Jimmy, que sabiamente dijo: «Avancemos hacia *adelante*, papá. Tomemos el camino alto».

Desde el fallecimiento de Alex, he continuado sintiendo como si estuviera viviendo entre dos mundos. Cada día tengo que recordarme a mí mismo, múltiples veces, que esta temporada extrañándolo es pasajera. En realidad no lo he perdido. Sin embargo, por el resto de mi vida tengo que seguir aprendiendo cómo echarle de menos y —aun así— avanzar con el buen propósito de Dios para mí.

El recuerdo de estar en el puente con Alex y la Trinidad me ha sostenido en los inevitables altibajos que provocan sus cumpleaños, las vacaciones y las ocasiones cuando uno de sus amigos viene a verme para ver cómo me va.

Se me dio este don de diez minutos finales con Alex, solos los dos junto con nuestro Sanador.

He sido bendecido para comprender más plenamente los misterios de esta vida y las certezas de la venidera.

He sido llevado por un Dios que es a la vez un Señor misterioso y un amigo familiar; un individuo demasiado amable como para no crear una reunión eterna que superará todo lo de esta vida.

Se me ha dado la gracia y la comprensión de que todo está bien con mi hijo y que está esperándonos al resto de nosotros en nuestro verdadero hogar. Volveré a abrazarlo y nos reiremos juntos para siempre. Pero no todavía. No todavía.

Es mi esperanza que al escribir mis recuerdos de los episodios de esa tarde, Mindy, Bryan, Jimmy, mi mamá, mis hermanos, mis parientes y numerosas personas más reciban un toque de las promesas que el Señor me dio para que las contara.

El cielo es real y nos espera a todos. Yo lo vi, lo sentí, creo en él y lo anhelo. Así que lo espero.

En algunas maneras, escribir este libro ha sido otro vehículo para procesar, para abrazar el dolor. Tener que volver a reproducir los recuerdos y repasar la historia ha sido útil aun cuando muy difícil. Mi consejera me dijo que es necesario sentir plenamente la herida a fin de que pueda sanar por completo. Con certeza sentí la herida; confío en que todavía estoy sanando.

Sorprendentemente, he sentido que recobro algo de energía al poner mis experiencias por escrito. El recordar los mensajes de Dios para mí en ese condominio, en Champaign, me ayuda a enfocarme en el plan eterno de Dios, plan que limpiará todos los recuerdos dolorosos. Si otros pueden apropiarse de esa esperanza para sus propias reuniones futuras, aleluya. Amén.

Lo desconocido de la vida todavía puede desencadenar el temor. A veces el dolor del corazón se niega a aplacarse. Pero Dios es más grande y está presente. Su presencia es alimento que me nutre y me sana todos los días. Por esta nueva comprensión, estoy agradecido, y es mi oración cada día que sea yo la clase de cristiano que Dios usa, uno del que él pueda sentirse orgulloso.

Una buena amiga expresó muy bien su aprobación después de que me oyó hablar hace un tiempo. Me llamó «el mensajero perfecto: una persona imperfecta presentando una lección hermosa... de tu boca a los oídos de Dios, como también a todos los que estábamos presentes».

Entender esto hace que quiera ser una mejor persona y que le entregue a él mi egoísmo para que me mejore, puesto que sé que no puedo hacerlo por mi cuenta. Me fortalece el recuerdo de Alex y mi Señor conforme procuro recuperar el tiempo perdido y llegar a ser la persona que Dios se propuso cuando me creó.

Y ahora creo que en algún momento, algún día, seré esa persona, porque sé que no estoy solo. Veré el cielo en persona.

Mientras tanto continuaré en este mundo quebrantado, transformado por la esperanza del cielo.

La muerte no es nada

La muerte no es nada.
Solo me he desplazado a la habitación contigua.
Yo soy yo y tú eres tú.
Lo que sea que fuimos el uno para el otro
Todavía lo somos.
Llámame por mi nombre de pila.
Háblame con la calma que siempre lo hiciste.
No cambies tu tono.
No forces un aire de solemnidad o tristeza.
Ríe como siempre nos reímos
Por los chistecitos que siempre disfrutamos juntos.
Juega, sonríe, piensa en mí, ora por mí.
Deja que mi nombre [¡Yalex!] sea siempre la palabra
     hogareña que siempre fue.
Que se diga sin esfuerzo
Sin el fantasma de una sombra en ella.
La vida significa todo lo que siempre simbolizó.

Es la misma, como siempre fue.

Hay una absoluta continuidad, ininterrumpida.

¿Qué es la muerte sino un accidente sin importancia?

¿Por qué debo estar fuera del pensamiento

Debido a que no estoy al alcance de la vista?

Estoy esperando por ti, solo un intervalo.

En alguna parte muy cerca

Justo a la vuelta de la esquina.

Todo está bien.

Nada es pasado, nada se ha perdido.

Un breve momento y todo será como antes.

¡Cómo nos reiremos por el problema de separarnos

cuando nos reunamos de nuevo![14]

Notas

1. *Gladiador*, dirigida por Ridley Scott, 155 minutos, Dreamworks, 2003, DVD.

2. *Campo de sueños*, dirigida por Phil Alden Robinson, 106 minutos, Universal, 2012, DVD.

3. *Despertares*, dirigida por Penny Marshall, 121 minutos, Columbia Pictures, 1990, VHS.

4. Catherine Woodiwiss, «A New Normal: Ten Things I've Learned about Trauma», God's Politics (blog), *Sojourners: Faith in Action for Social Justice*, 13 enero 2014, http://sojo.net/blogs/2014/01/13/new-normal-ten-things-ive-learned-about-trauma/.

5. Josh Sanburn, «Suicide in America: The People Who Answer the Phone», *Time*, 25 noviembre 2013, pp. 64–65.

6. William Walsham How, «For All the Saints, who from their Labors Rest», 1864.

7. Daniel L Schutte, «Here I Am, Lord», arreglado por John Weissrock y Michael Pope, New Dawn Music/OCP Publications, 1981.

8. George Croly, «Spirit of God, Descend upon my Heart," Songs of Illumination, 1854.

9. Charles Wesley, «Love Divine, All Loves Excelling», 1747.

10. Roy Rogers, con Dale Evans y The Whippoorwills, «Happy Trails», *Happy Trails: The Roy Rogers Collection, 1937–1990*, disco 3, pista 13, Rhino Entertainment, 1999, disco compacto.

11. *Gladiador.*

12. John F. Kennedy, American University Commencement Address, Washington DC, 10 junio 1963, http://www.americanrhetoric.com/speeches/jfkamericanuniversityaddress.html.

13. John F. Kennedy, Inaugural Address, Washington, DC, 20 enero 1961, www.pbs.org/wgbh/americanexperience/features/primary-resources/jfk-inaugural61/.

14. Canon Henry Scott Holland, «Death is Nothing At All» (sermón, Westminster Abbey, Londres, Inglaterra, 1910). Versión parafraseada escrita para mí en una nota de condolencia de tres páginas por Hans Becherer, presidente jubilado de Deere and Co.

Acerca de los autores

Alan M. Hallene, hijo, es doctor en Filosofía. Es padre de tres hijos crecidos, con uno de los cuales espera volverse a reunir algún día en el cielo. Mientras trabajaba en *Esperanza del cielo*, Al tenía permiso de su cátedra en la St. Ambrose University en Davenport, Iowa. También ha enseñado en la Universidad de Illinois, en la Universidad de Iowa, y es presidente de NorthHill Consulting, LLC.

Erin Keeley Marshall es la autora de *Navigating Route 20-Something* [Navegando por la Ruta 20 y tantos] (Harvest House, 2008) y de *The Daily God Book* [El libro diario de Dios] (Tyndale House, 2009). En los primeros años de su carrera fue editora de Tyndale House Publishers; ha editado y escrito para varias editoriales cristianas por todos Estados Unidos de América. Vive en Arkansas con su esposo, Steve, y sus dos hijos.